AF464166

COLLOQUE OBLIGÉ.

OUVRAGES DE L'AUTEUR.

1°. DES AVANTAGES DE L'ÉTABLISSEMENT D'UN NOUVEAU COMPTOIR EUROPÉEN AU DÉTROIT DE MALACA, pour faciliter la Navigation en Chine. Vol. in-8°. Londres, 1806. — 7 f. 50 c.

2°. PRÉCIS HISTORIQUE SUR LES ÉVÉNEMENS DE TOULON en 1793. Paris, 1814; seconde édition 1816; troisième édition revue et augmentée, vol. in-8°. — 3 f.

3°. QUELQUES MÉMOIRES JUDICIAIRES. Paris, 1816, 1817, 1821.

4°. APERÇU PRÉLIMINAIRE SUR LA NATURE DES RÉCLAMATIONS DE L'AUTEUR CONTRE LE GOUVERNEMENT ANGLAIS ET M. COOKE. Paris, 1817.

> Le président Lebret a dit, et Montesquieu a répété : « L'équité est » un être moral bien réel ; elle n'est autre chose qu'un sentiment » de respect pour tout droit, et par-là elle devient exclusivement » propre à l'énonciation et conservation des droits qui constatent la » propriété de chacun ; si la force agit en un sens opposé aux vues de » l'équité, elle devient tyrannie. »

Vol. in-8°. — 2 f. 50 c.

5°. PÉTITION A LA CHAMBRE DES DÉPUTÉS, sur un acte arbitraire ministériel, suivie de considérations administratives et politiques intéressant l'état, la fortune et l'honneur de tous les militaires français. Vol. in-8°. Paris, 1818. — 4 f.

6°. ADDITION A LA PÉTITION PRÉSENTÉE A LA CHAMBRE DES DÉPUTÉS. Paris, 1818, in-8°. — 1 f. 50 c.

7°. LETTRE DE L'AUTEUR A M. LE COMTE BEUGNOT. Paris, 1818. — *Gratis.*

8°. LE BARON D'IMBERT AUX AUTEURS DE LA BIOGRAPHIE DES HOMMES VIVANS ET DU CENSEUR EUROPÉEN. in-8°. 1 f. 25 c.

9°. LE CONTRE-AMIRAL LEBRET, BARON D'IMBERT, A SES JUGES. Sa correspondance avec l'incarcérateur Casimir Perrier. — Paris, 1820. — *Gratis.*

> Deux noms Perrier s'étonnent de se trouver en regard sur les registres de Ste.-Pélagie : Casimir Perrier l'incarcérateur et Amédée Perrier, son frère, l'incarcéré. *Salut et fraternité.*

SOUS PRESSE.

DE L'ÉTABLISSEMENT D'UNE AMIRAUTÉ EN FRANCE, ou Moyens de rendre à l'illustre Corps de la marine tout l'éclat dont il a brillé. *Dédié aux Chambres.*

Le trident de Neptune est le sceptre du monde. (1)

LES MÉMOIRES DE L'AUTEUR, 5 vol. in-8°, avec cartes, gravures, etc.

Ces Mémoires se composent, 1°. de ses Campagnes d'Amérique ; 2°. de son Voyage dans l'Inde, en Chine et la mer du Sud ; 3°. du Siége de Toulon, avec les événemens qui l'ont précédé et suivi ; 4°. des Missions dont il a été chargé pour le rétablissement de la dynastie légitime en France ; 5°. des Circonstances qui ont amené et accompagné son emprisonnement et sa détention sous la domination de Buonaparte.

---

(1) J'ai cru devoir retirer de l'impression cet écrit, pénétré de l'idée que les principes d'administration et de justice qui guident le Ministre de la marine, me dispenseraient de toute publicité.

COLLOQUE OBLIGÉ

DE

M. XAVIER LEBRET,

BARON D'IMBERT,

CONTRE-AMIRAL EN RETRAITE, CHEVALIER DE L'ORDRE ROYAL ET MILITAIRE DE SAINT-LOUIS, etc.,

AVEC

MULDER, LE BRABANÇON;

PRÉCÉDÉ

De quelques détails sur trente ans de révolution; sur les diffuites d'un comptable anglais; et suivi d'explications nécessaires, sur le pamphlet intitulé *Procès de l'Ermite en Province*, et d'observations sur l'action intentée aux citoyens rédacteurs du *Courrier* soi-disant *français*, relativement à l'insertion d'une lettre pseudonyme qui calomnie les auteurs de la première restauration du trône légitime au mois d'août 1793.

> Celui qui met un frein à la fureur des flots
> Sait aussi des méchans arrêter les complots.
>
> RACINE. *Athalie, acte* 1er, *Scène* 1re.

PARIS.
IMPRIMERIE DE LEFEBVRE, RUE DE BOURBON, N°. 11.

1822.

Il était difficile de présenter avec clarté l'ordre des faits contenus dans cet exposé, sans se livrer à des redites indispensables, pour rappeler souvent au lecteur dans quel sens et dans quel but il est publié.

L'Auteur, attachant beaucoup moins d'importance à l'élégance du style, qu'à la fidélité de la narration, prie donc les personnes entre les mains desquelles cette brochure tombera, d'avoir la patience, après en avoir parcouru les premiers feuillets, de pousser jusqu'au bout, et de ne fixer leur opinion sur le fond, qu'après une lecture entière. « *Car ici, bien* » *des vérités ne se feront sentir qu'après qu'on aura* » *vu la chaîne qui les lie à d'autres.* »

(MONTESQUIEU, *Esprit des Lois*, préface, page xxxvij).

OBSERVATIONS PRÉLIMINAIRES.

Les annales de la perversité humaine n'ont peut-être point d'exemples de la monstrueuse combinaison dirigée contre ma personne et mon honneur, depuis près de seize années; combinaison qui n'a point été arrêtée par la barrière de l'Océan, et qui deux fois a traversé les mers, pour me suivre et me réduire au silence, au moyen d'actes de violation sans égale, et d'une influence étrangère constamment croissante.

Mais pour ne point renvoyer toujours aux écrits que tant de diversités de position m'ont forcé de publier, qu'on me permette de réimprimer ici quelques pages qui jetteront un grand jour sur ma carrière militaire, politique et privée, et qui n'éclaireront pas moins les mystères de cette suite de persécutions, de guet-à-pens dont on m'a rendu la victime.

Attenter à ma liberté, à ma vie, n'a paru qu'un jeu à la ligue de mes ennemis puissans dans l'œuvre de la haine et de l'imposture, comme dans l'art d'employer contre les *fidèles* de la monarchie, l'infernale intelligence de la tourbe honteuse des hommes révolutionnaires, si familiers avec les dénonciations, les déportemens et les vexations de tous genres! Il leur fallait quelque chose de plus : ne pouvant m'arracher l'existence, forcés de briser mes fers, il ne leur restait donc qu'une ressource, et ils l'ont mise en œuvre avec un succès bien rare : c'est la diffamation ! Par son aide, on détourne tout intérêt de l'homme le plus innocent et le plus respectable, sur qui déjà l'on se prépare à exercer d'injustes vengeances, et que l'on veut livrer à l'action de toutes les perfidies. Déconsidéré, sans défense, alors le malheureux destiné à être offert en holocauste, est livré aux mille tortures de l'opinion. Autrement tant d'iniquités révolteraient, souleveraient la justice publique en faveur de l'opprimé ; mais grâce à l'habile manœuvre du crime, aucune voix ne s'élève pour lui, toutes, au contraire, l'accusent et demandent sa perte, que l'on regarde comme un bienfait pour la société en général.

Projet heureusement mal conçu, faibles combinaisons qui peuvent quelques instans donner à leurs auteurs toute l'exaltation de l'ivresse d'un triomphe, mais non point une solide victoire; car inutilement une cohorte ennemie s'arme-t-elle de tout ce qui peut étonner ou séduire les hommes, pour accabler un adversaire réduit à ses propres forces; en vain a-t-elle recours aux plus lâches auxiliaires, à toutes les bassesses de la calomnie; en vain se couvre-t-elle de l'égide des lois, et fait-elle des magistrats dont elle trompe la vigilance et la religion, ses aveugles défenseurs; il faut que la vérité brille enfin de tout son éclat, que les ténébreuses manœuvres du machiavélisme soient dévoilées, que le bon droit l'emporte, et que les brigues de plusieurs contre un seul soient confondues, anéanties, punies, parce que la justice finit toujours par reprendre son empire, et que la persécution doit tourner à l'avantage de celui qui en fut l'objet.

Il est vraiment des êtres qui semblent destinés de temps à autre, à servir de spectacle au monde, et dans la sagesse providentielle, on les croirait appelés à donner, par tous les revers, par toutes les disgrâces, par toutes les injustices accumulées sur eux, cette douce et consolante leçon; qu'avec du caractère, la conscience de sa cause, l'abandon aux volontés du dispensateur de chaque chose sur la terre, l'homme de bien parvient à tout supporter, à tout surmonter.

Ce n'est qu'ainsi que je peux m'expliquer les longues et incomparables tourmentes de tant de jours constamment consacrés à la défense de ma patrie et de mon Roi, et d'une carrière qui présente (car je peux, sans être taxé d'immodestie, me prévaloir de quelques honorables services) d'une carrière qui présente, dis-je, des actes que l'histoire a déjà recueillis.

Sans cette précieuse et salutaire idée, qui pourrait comprendre, en effet, comment depuis un si douloureux laps de temps, comment du jour où je paraissais tenir, si ce n'est le prix pécuniaire de mes travaux, de mes dangers, de mes sacrifices, du moins leur juste récompense morale, et j'entends par ces mots l'estime de la France, celle des peuples et des cabinets, alliés de mon souverain ; comment depuis seize ans, je le répète, toutes les calamités m'ont assailli, et comment déçus de l'espoir de transformer en un perfide, un traître, un conspirateur, le sujet le plus dévoué, mes ennemis ont trouvé quelqu'appui, et pu donner la moindre consistance à leur dernier et misérable complot, en me peignant sous des traits hideux, en voulant imprimer l'opprobre sur la difficile et cruelle tâche que les circonstances m'ont imposée, du moment où je me décidai à lutter de toutes mes facultés contre les destructeurs de l'autel et du trône.

Et c'est l'homme qui le premier, au fort de la terreur, sous la hache des bourreaux de la révolution, a tenté d'arracher des mains des factienx la couronne d'un roi captif, pour ranimer à son aspect l'amour d'une nation contrainte dans ses démonstrations habituelles, dans son élan, mais au fond toujours idolâtre de ses maîtres; et c'est l'homme qui a relevé devant la Provence et l'Europe étonnées, les temples renversés sur toute la surface de la France; et c'est l'homme qui a rattaché le pavillon blanc aux mâts de la flotte française, que l'on prétend victimer de la sorte!

Si l'on ne savait que parfois la prévention, l'esprit de parti, les calculs de la cupidité, le défaut de réflexion, obscurcissent le jugement humain, on gémirait sur la faiblesse qui a pu ouvrir l'oreille un instant aux insinuations de la haine et de la déloyauté, et l'on se demanderait s'il est possible que la nature et l'enchaînement des faits les plus extraordinaires, aient allié dans un même personnage tant de fidélité, de zèle, d'honorables actions, avec tant de turpitudes.

Tel est cependant le sort qui me fut réservé. Poursuivi sans relâche par une ligue qui ne m'a point laissé un moment de repos, je me suis vu forcé de combattre contre toutes les injustices.

J'ai trouvé des antagonistes, des détracteurs dans toutes les classes. Quelques-uns, il est vrai, ne m'ont fait rougir d'entrer en lice avec eux, que par l'infamie de leurs procédés, car du moins ils tenaient un état dans le monde, qui ne les rangeait pas trop au dessous de moi. D'autres m'ont affligé par la double disgrâce d'être réduit à repousser leurs traits et à prononcer leur nom, et c'est malheureusement dans cette dernière cathégorie que je rencontre l'homme que, bien malgré moi, je traîne devant les tribunaux ! Mais ayant déjà tant de fois pulvérisé des adversaires plus redoutables, je n'aurai pas, je pense, beaucoup de peine à faire châtier celui qui forme peut-être le dernier anneau de la longue chaîne dont une perverse politique, une animadversion née de la divergence d'opinions, joints à des intérêts bas et sordides, n'ont point cessé de me ceindre avec fureur, dans le but d'étouffer ma voix qui toujours fit entendre les accens de la sévère et inexorable vérité.

Oui, je démontrerai que les méchans ne sont point embarrassés pour aiguiser le fer de la perfidie; que rien ne s'épuise pour eux; que les ressources ne leur manquent jamais; qu'il en est une surtout dont ils savent faire un merveilleux emploi, et dont parfois l'efficacité ne les sert que trop bien. En la dévoilant, je ne ferai pas seulement un acte nécessaire à ma conservation, à ma renommée, je rendrai service à tous les malheureux que le dévouement, que l'attachement aux devoirs, ont livrés aux horreurs du besoin, puisque tous les jours, on la met en pratique contre eux, comme on le fait contre moi-même, avec cette seule différence, que l'on m'accorde le privilége tout particulier de la plus vigoureuse et de la plus astucieuse attaque, tandis qu'on ne leur réserve en général que des coups portés en masse, et voici quelle est la tactique de l'opinion corrompue et du crime réunis pour la perte de l'homme de bien, sans autre égide que sa conscience : ils dirigent leurs lances aiguës et trempées de fiel contre un *fidèle* royaliste, et habiles à calculer sa position, sa détresse, c'est dans ses nombreux besoins, fils de son noble abandon à la cause, qu'ils trouvent l'arsenal où ils prennent les armes dont le métal forgé au feu de toutes les passions, par les mains de tous les faux intérêts, et revêtu de l'éclat de tous les prestiges, leur donnent tant d'avantages, heureusement passagers.

Qui ne sait que la plus douce jouissance des ennemis du trône est de calomnier ses soutiens, et de transformer en crimes les trophées de leur gloire. Qui ne sait qu'avoir combattu la révolution, sert d'ouverture à un véritable cataclysme d'infortunes ! Aussi quand j'exécutai des ordres impératifs et sacrés, lorsque j'employai tous mes efforts pour éviter vingt années de carnage, de misère et de désolation, ai-je accumulé sur moi toutes les haines, ai-je excité toutes les rivalités, ai-je assumé toutes les responsabilités, et me suis-je exposé à la série de toutes les angoisses; et, faut-il l'avouer, en frémissant, à cette série d'insultes dont les palmes de Toulon auraient dû préserver ma tête, mais qui ne l'ont pas plus défendue que les palmes de la fidélité et du martyre n'ont garanti les fronts des Lyonnais et des Vendéens de tant de flétrissantes atteintes, et des horreurs de l'indigence. Spectacle cruel et inexplicable, qui blesse de toutes parts le cœur de l'homme de bien susceptible des premiers sentimens de gratitude, et dont la seule esquisse, portée aux pieds du souverain, a déjà fait réparer tant de suprêmes injustices, et cicatrisé tant de plaies profondes.

CE QUE JE FUS

AVANT

LE COLLOQUE OBLIGÉ.

Dès qu'on me force de nouveau à reproduire la conviction dans l'esprit d'un public déjà trop informé que les revers qui m'ont accablé pendant vingt années, les piéges qui m'ont été tendus, les humiliations dont on avait voulu me saturer, sont le fruit du calcul et de l'intrigue, je vais donc pour la dernière fois remplir l'obligation que l'honneur m'impose.

La nature du débat dans lequel je suis engagé le démontre avec une scandaleuse et poignante évidence ; et pour soumettre cette opinion au jugement, au tact du lecteur, je me placerai, entouré de tout ce qui compose ma carrière militaire, politique et privée, sur le même plan que les adversaires qui me forcent à monter avec eux les marches du temple de la justice, et je livrerai cette comparaison à toute la liberté des réflexions de chacun.

Je déroulerai brièvement le tableau de ma vie, et si quelques personnes trouvaient que l'objet qui me conduit devant les magistrats, semble de trop peu d'importance, pour que j'y joigne des considérations et un récit de faits aussi relevés et aussi graves, je leur dirai, avec le chancelier d'Oxenstiern : *chaque fois qu'on attaque l'honneur d'un homme, sa réponse doit toujours se puiser dans ce qu'il* FUT, *dans ce qu'il* FIT, *du moment où il put acquérir de justes notions du bien ou du mal.*

J'avais à peine treize ans, lorsque j'entrai en juillet 1774, dans le régiment de la Reine, infanterie. J'y fus nommé cadet-gentilhomme. La guerre se déclara bientôt entre l'Angleterre et l'Amérique, et, stimulé par ma famille, animé par mon propre courage, brûlant du désir d'acquérir quelque réputation, je passai de l'armée de terre à l'armée navale. Dans ces campagnes, il s'est livré peu de combats de terre et de mer, où je n'aie pris part aux engagemens qui ont porté si haut l'honneur de notre pavillon. Les prises de Tabago, d'Yorck-Town, de Saint-Christophe et de tant d'autres places où je payai de ma personne, les nobles témoignages de mes chefs, les suffrages des ministres du Roi, l'estime de nos alliés et de l'ennemi même, attestent que j'étais digne d'exécuter les ordres des d'Orvilliers, des Gaston, des Cordova, des Bausset, des d'Estaing, des de Grasse, des Vaudreuil, et de partager leurs périls et leurs succès.

Embarqué sur le *Northumberland* en 1782, avec M. le marquis de St.-Cezaire, je vis pendant le plus sanglant combat, ce brave capitaine tomber à mes côtés, de même que MM. de la Metterie et de Belfond, tués également pendant la plus vigoureuse et la plus opiniâtre défense. Resté *seul* des trois officiers employés sur les gaillards, me trouvant à bord le plus ancien (1), je pris le commandement du vaisseau, et malgré ses pertes et ses avaries majeures, secondé des braves qui combattaient avec moi, je parvins à sauver le *Northumberland*, après avoir fait payer cher aux Anglais la mort de notre chef, de mes camarades, et la retraite forcée qui nous mettait à l'abri de leurs poursuites.

Après avoir fait toute la guerre sans un seul jour d'interruption, je ne désarmai qu'à la paix de 1783, et ce ne fut qu'au mois d'août de la même année que je rentrai dans le port de Toulon. Je m'étais embarqué à Porto-Cabello sur le *Souverain*, pour revenir dans ma patrie.

J'avais successivement servi sur les vaisseaux la *Bourgogne*, le *Citoyen*, le *Northumberland*, le *Brave*, le duc de *Bourgogne* et le *Souverain* ; et j'avais mérité, par une conduite irréprochable, l'intérêt de mes chefs, la confiance du soldat, et les distinctions de la Cour.

La paix ne me maintint point dans un inutile repos. Je fus appelé à Lorient au conseil de guerre qui y fut tenu *sur la demande* de M. le comte de Grasse ; en décembre 1784, je reçus l'ordre de suivre l'armement de la frégate la *Vénus*, destinée à faire une campagne dans la mer Rouge ; au mois de février suivant, je passai sur la *Résolution* com-

---

(1) M. de Combeau avait été blessé et mis hors de combat à l'affaire du 9, et M. de Norkoof, lieutenant suédois, en sa qualité d'étranger ne pouvait commander en chef.

mandée par M. le chevalier d'Entrecasteaux, sous les ordres duquel je contribuai à déterminer une nouvelle route plus directe vers la Chine. Nous nous y rendîmes par le détroit de la Sonde, les îles Moluques et la mer du Sud.

Là, notre division eut la douce jouissance de rencontrer celle de Lapeyrouse, dont nous apprîmes les premiers travaux et les premières infortunes; mais hélas! dont nous ne prévoyions pas la terrible catastrophe.

De Canton, nous partîmes pour la côte de Coromandel et l'Ile de France, dont M. d'Entrecasteaux venait d'être nommé gouverneur, pendant sa mémorable campagne.

Cet amiral me chargea, le 25 octobre 1787, de porter au ministre de la marine, le dépôt précieux de ses dépêches, et, soit bienveillance ou justice de sa part, il voulut bien demander de l'avancement pour moi, un commandement et la décoration de l'ordre royal et militaire de St.-Louis, quoique je n'eusse pas le temps requis par les ordonnances de Sa Majesté.

M. d'Entrecasteaux termine son rapport par ces mots : « JE CERTIFIE QUE M. LE BARON D'IMBERT A « SERVI DE MANIÈRE A MÉRITER LES GRACES DU ROI. »

J'arrivai en France au milieu des éclairs qui sillonnaient de toutes parts l'horizon politique, et qui présageaient l'orage et la tempête. Tout annonçait un bouleversement général. Nommé chevalier de St.-Louis, je fus élevé au grade de capitaine de vaisseau de 1re. classe ; je montai la *Sybille*, l'*Impérieuse*, l'*Apollon*, et je commandai en chef une des escadres de la Méditerranée.

A l'appel des amis du trône, j'étais accouru à Paris pour coopérer, s'il était possible, au salut de ma malheureuse patrie, et pour soustraire la tête de mon Roi à la soif du sang qui dévorait déjà ses bourreaux. J'avais fait partie des compagnies *secrètes* qui devaient remplacer les gardes-du-corps du monarque. Je m'étais placé dans les rangs des vétérans de la fidélité. J'avais compté au nombre des victimes du 28 février 91 ; enfin je m'étais trouvé au poste d'honneur les 20 juin et 10 août 1792 ; et j'avais partagé jusqu'au dernier moment, les dangers des sujets dévoués au trône et à la famille royale.

Les ministres de Louis XVI m'avaient chargé de diverses missions importantes, mais dont je ne dois pas ici rendre compte. Je me bornerai donc à faire connaître, par la lettre que j'imprime, la confiance dont les premiers chefs militaires, investis des pouvoirs les plus illimités des princes français, m'ont constamment honoré, et l'espoir qu'ils avaient de faire tourner au profit de la cause, mon influence sur l'esprit et les dispositions des équipages de la flotte.

Coblentz, le 28 avril 1792.

MONSIEUR LE BARON,

« J'ai mis sous les yeux des princes, votre zèle,
» vos principes, et votre ambition de les rendre

» utiles dans la cause que nous servons ; ils m'ont » chargé de vous en témoigner leur satisfaction, » et vous ont fait inscrire sur la liste des chevaliers » français employés dans les provinces méridionales. » Les lieutenans-généraux qui commanderont dans » cette partie, auront l'ordre de classer chacun, » d'après les titres de leurs anciens et bons services ; » c'est avec le plus grand plaisir que je vous ai rendu » auprès de nos illustres chefs, toute la justice que » vous méritez, etc. »

Signé, LE MARQUIS DE MIRAN (1).

Au milieu des désastres de la révolution, je n'ai jamais désespéré de la monarchie française ; et lorsque tout tremblait, tout fléchissait sous la tyrannie démagogique ; lorsque le fer des assassins, trempé dans le sang de milliers de Français, semblait vouloir anéantir les générations futures ; qu'une larme, qu'un soupir, qu'un regard sur la tombe du Roi-martyr, conduisaient tout homme sensible et juste à une mort certaine ; je jurai, sur ce sol ensanglanté, de venger Louis XVI et la France, d'une poignée de brigands ; je jetai les yeux sur Marseille ma ville natale, sur Toulon où je commandais une escadre, et dont les vœux secrets étaient parvenus jusqu'à moi.

Il est dans tous les événemens politiques, des mesures plus ou moins grandes auxquelles il faut se soumettre. C'est pourquoi, pénétrés de la très-

(1) Le marquis de Miran avait été commandant, puis gouverneur de la Provence.

grande importance qu'il y avait de rétablir l'ancien gouvernement sous son roi légitime, et d'enlever à la Convention une partie du midi de la France, l'amiral Trogoff et moi pensâmes que dans le cas même où nos efforts n'auraient pas toute la réussite que nous devions en espérer, nous serions justifiés d'avoir risqué les dangers de cette entreprise, en remplissant le devoir de sujets fidèles à leur roi, à leur patrie, enfin en exécutant nos instructions premières, portant *de faciliter de tous nos moyens les opérations des hautes puissances coalisées.*

La pièce que je joins à cet écrit (1) en réponse aux faits mensongers publiés sur le traité de Toulon conclu avec le chef des commissaires plénipotentiaires des hautes puissances coalisées, l'amiral lord Hood, me dispense d'entrer ici dans les détails de cette entreprise mémorable.

Si mes espérances ont été trompées, si la Providence n'a pas permis que la royauté dût son rétablissement à mes efforts, si des événemens que je n'ai pu prévoir m'ont arraché le prix d'une glorieuse, mais trop peu durable victoire; si l'ignorance, la haine, la vengeance ont voulu dresser à ce sujet dans de viles diatribes, un acte d'accusation contre moi; s'ils m'ont traduit au tribunal de l'opinion publique comme un TRAÎTRE; en repoussant avec indignation l'offense imméritée, je place la main sur

---

(1) Sous le titre de : PREMIÈRE RESTAURATION DU TRÔNE LÉGITIME. *Toulon, 24 août 1793.*

mon cœur, et évoquant tous ses souvenirs, toutes ses sensations, toutes ses résolutions à cette époque si belle et si fatale, je dis, en le pressant, comme le général Thébain : *il n'y a rien de honteux là dedans, si ce n'est les blessures profondes faites par le poignard de mes ennemis.*

Un *traître* à Toulon! celui a qui Louis XVIII a daigné faire délivrer le 4 mai 1794, un certificat portant ces mots sacrés : « IL EST RESTÉ FIDÈLE AU ROI ET A LA MONARCHIE. (D)

Un *traître* à Toulon! celui qui, depuis ces jours de deuil, n'a jamais cessé de servir la cause en vertu d'ordres du Roi, et qui a parcouru la Méditerranée à bord du seul vaisseau dont le pavillon BLANC ait osé braver la puissance consulaire, au milieu même de ses triomphes de 1800 et 1801.

Un *traître* à Toulon! celui qui s'offrant avec la députation de cette ville, aux regards du désiré Monarque, remonté sur le trône de Louis XIV; celui qui, faisant présenter à l'auguste souverain les fils et les neveux des royalistes morts victimes de la fidélité à l'exécution des projets par lui conçus (1), reçut l'accueil le plus honorable.

Un TRAÎTRE à Toulon! celui que S. A. R. MONSIEUR a daigné investir de sa haute confiance, dans les momens les plus difficiles pour lequel, tout récemment encore, elle a fait dire et fait attester au ministre du Roi : « qu'elle l'avait employé à la direc-

(1) Moniteurs des 16 et 18 octobre, et 8 novembre 1814.

» tion d'opérations importantes, conjointement avec » le gouvernement britannique, *et que, dans tout* » *ce dont on l'avait chargé, il s'était conduit en brave* » *et loyal officier.* » (E)

J'ai trahi la France et mon Roi! ose-t-on dire; j'ai trahi la France, moi! qui, par une suite de services et d'une conduite honorable, ai mérité du vertueux Louis XVI, d'être élevé à un grade supérieur à l'âge de vingt-quatre ans, et qui, sept ans après, commandais les flottes françaises. J'ai trahi la France, moi! qui, au fort de la terreur, bravai les phalanges révolutionnaires; rétablis, proclamai, je le dirai à chaque page, à chaque heure, les droits de l'enfant dont les mains augustes étaient chargées de chaînes, qui ai relevé le trône et l'autel, ces bases sacrées de la félicité des nations, et qui ai combattu trente ans les ennemis des rois, de la morale et de la religion! Je suis un traître, moi! qui au fond des Bastilles de Buonaparte, méprisai ses menaces et refusai ses offres! moi! qui exposai vingt fois ma tête, plutôt que de lui dévoiler les secrets dont j'étais seul dépositaire, plutôt que de lui livrer une correspondance qu'il eût payée de ses trésors, de ses dignités, de ses cordons. Non, non! Je ne suis pas un traître! cela est impossible. Personne ne le croira; mes ennemis eux-mêmes ne le pensent pas; ils ne l'ont jamais pensé. Ils se connaissent trop bien en trahisons pour se tromper si grossièrement; et ils ne me haïraient pas tant, s'ils pouvaient m'en soupçonner. Tout est astuce, mensonge et perfidie chez ces hommes de 93, qui n'ont jamais haï que la vertu, et qui font horreur au monde, parce qu'ils ne sont sortis de la fange des séditions, que pour vieillir dans l'habitude de toutes les impostures et de tous les crimes. Ils m'accusent d'immoralité ! misérables ! elle n'est que dans leurs affreux principes, dans l'atrocité de leur conduite, et dans la profonde corruption de leur cœur.

Je connais mes attentats. J'ai combattu la révolution, et j'ai traité au mois d'août 1793, avec les alliés qui ont ramené le Roi dans le palais de ses pères. J'ai voulu épargner vingt ans de malheurs et de désolation à la France entière. J'ai voulu sauver ma patrie ; lui rendre ses vertus et son monarque ; lui éviter enfin de longues et cruelles années de carnage, de misère et d'oppression : je me serais sacrifié pour elle, et j'ai dû accumuler toutes les haines, exciter tous les ressentimens, m'exposer à cette longue série d'angoisses, d'infortunes, et je le dis en frémissant, d'insultes et d'outrages.

Mon émigration, le triomphe que je remportai sur les ennemis de mon roi à Toulon, mes sacrifices, la ruine de mes espérances, la perte de ma fortune, mes missions *secrètes*, mes efforts, mes tentatives, mes combats pour rétablir la maison de Bourbon dans son domaine, les persécutions de tous genres que j'éprouvai, les haines dont je fus l'objet, les ambitions que je trompai, les cachots qui s'ouvrirent pour moi, les injustices dont *on a payé mes services, voilà ce qui* me reste à dire, et ce qui a abreuvé d'amertume la fin d'une carrière toute à l'honneur, à la fidélité, seule gloire des vrais Français.

J'ai des ennemis nombreux : je n'en suis point étonné ; puisque ma vie a été consacrée toute entière à la défense de ma patrie; puisque j'ai rougi la terre de mon sang vingt fois versé pour mon Roi; puisqu'un instant j'ai relevé le trône et l'autel dans les murs de Toulon; puisqu'un instant j'ai brisé le sceptre impie de cette horrible anarchie, dont le génie sanglant n'éclairait plus de son flambeau, que l'échafaud et la mort; puisque j'ai fait proclamer Louis XVII sous le canon des hordes dévastatrices; puisque j'ai suivi les défenseurs de la monarchie, des bords de l'Italie aux mers de la Baltique; puisque j'ai attaqué Napoléon au sein des états qu'il avait usurpés; puisque j'ai justifié sa haine et mérité sa vengeance du fond même de ses cachots, d'où j'ai appelé, par mes vœux, le rétablissement du trône de mes légitimes maîtres. Voilà mes ATTENTATS, et mon seul regret est de n'avoir point eu assez de complices! Voilà mes droits à la haine des faux amis de la liberté! Voilà mes titres à la proscription des esclaves de Buonaparte! Les uns ne m'ont jamais pardonné mon constant attachement pour le Roi : ma courageuse résistance aux menaces, aux séductions du despote, est pour les autres la plus sanglante injure. Il est encore d'autres hommes faibles et irritables, qui n'ont pas compris tout ce que ma position avait de difficile et de délicat; qui joignent, par défaut de réflexion, leurs voix à celles des méchans, des lâches, des perfides, et qui pourtant ne partagent aucune de leurs opinions. Mais avec ceux-là je ne dois me plaindre que d'une ERREUR, qu'il me sera facile de dissiper toutes les fois qu'ils voudront m'entendre et descendre dans leur for intérieur.

De pareils forfaits devaient recevoir un juste châtiment. On ne pouvait attaquer mes principes; il parut plus facile de flétrir ma vie. Un système de diffamation devint l'arme cachée de mes ennemis : il était digne d'eux; c'est la vengeance des lâches. Mais le règne du mensonge est éphémère, ses actes se déposent d'eux-mêmes dans les abîmes de l'oubli; la vérité perce toujours l'épaisseur des ténèbres, dont on ne l'enveloppe jamais qu'un moment, et la justice lente, mais sévère, console tôt ou tard l'opprimé, et le venge de ses oppresseurs. J'ai longtemps attendu cette tardive vengeance, mais je suis enfin au moment de l'obtenir, puisque l'équité elle-même, empreinte sur le front de mes juges, et assise dans l'enceinte sacrée des lois, va prononcer entre un vieux soldat couvert de cicatrices, qui combattit un demi-siècle pour la défense de sa patrie, et un misérable étranger soumis par la loi aux rigueurs de l'emprisonnement, pour des engagemens contractés en France, et qui depuis trois ans le privent de sa liberté.

Le malheur m'a atteint, il ne m'a point abattu. J'ai toujours conservé l'attitude qui convenait à mon âge et à mon caractère. Je suis resté debout au milieu des ruines de ma fortune; et si du faîte des honneurs, des dignités, des premiers emplois civils et militaires, j'ai été précipité assez bas, je le dis encore, pour avoir à combattre aujourd'hui ce que la nature et la société présentent de moins recommandable ; c'est la plus réelle démonstration que je puisse faire de ce que je viens d'avancer ; et quant aux conséquences, je suis dans la plus grande sécurité, ne voyant autour de moi que des magistrats aussi intègres qu'éclairés ; et alors je m'écrie, en m'élevant au principe de toute justice : la vérité tient à Dieu, les hommes n'y peuvent rien.

Mais revenons, ainsi que j'en ai annoncé la volonté, sur chaque pas de ma carrière ! Lorsque par une de ces révolutions dont l'esprit humain ne peut ni calculer, ni prévoir les combinaisons, mais dont la main de l'historien dévoilera tôt ou tard les causes honteuses, et pénétrera les noirs mystères ; lorque Toulon, dis-je, fut inopinément *abandonné*, avec une précipitation que la postérité aura peine à croire, ma ruine fut entièrement consommée. J'avais sacrifié à la cause des rois, ma fortune, mes intérêts les plus chers, ceux de ma famille ; la perte de mon état et la nécessité de sortir de France, achevaient de m'ôter toute ressource ; mais je comptai pour rien tant de calamités, et ma plus grande disgrâce fut d'avoir échoué dans la plus noble entreprise et d'avoir été *trahi* par ceux en qui j'avais placé tant d'espérances.

Après *l'abandon* de Toulon par les Anglais, j'errai long-temps dans l'Italie, et je ne traversai les mers pour me rendre sur les bords de la Tamise, que pour y aller prendre de nouveaux ordres supérieurs, car je dois faire observer ici à tous mes lecteurs, et répéter hautement ce que j'ai déjà écrit dans mes précédens mémoires relativement à mon prétendu rapprochement avec les agens de l'usurpateur ; c'est que du fond de mon cachot, sur l'interpellation du prêtre Fouché, je répondis que je n'avais jamais exécuté d'autres ordres que ceux des Bourbons.

Après la rupture du traité d'Amiens, l'intérêt de la France, celui de l'Europe, exigeaient impérieusement le rétablissement de cette auguste, autant que malheureuse famille sur le trône de ses ancêtres. Il fallait pour cela, soulever contre l'usurpateur, les amis, les nombreux partisans de la légitimité. Le cabinet de Saint-James m'appela dans ses conseils, il me chargea de dresser les plans qui seraient les plus propres à organiser et à hâter ce mouvement national et monarchique. Je présentai mes vues; je les soumis à la sanction du lieutenant-général du royaume, tout fut approuvé : le gouvernement britannique prit l'engagement de fournir tous les fonds nécessaires. J'eus l'honneur d'être chargé de l'exécution d'une tentative qui allait rendre à la France son Roi, ses lois et sa religion, et à l'Europe, la paix dont elle était privée depuis tant d'années.

Bien plus occupé des moyens de succès dans une cause à laquelle étaient attachées tant de hautes destinées, que de ma fortune particulière, dont une seconde fois je laissai le soin au ministère anglais ; je poussai même l'abandon de ce qui m'était personnel, jusqu'à ne réclamer le remboursement des avances que j'avais faites ou fait faire sur ma responsabilité aux officiers mis par mes ordres en commission, qu'au moment où plusieurs de ces généreux défenseurs du Roi venaient de payer de leur sang leur noble audace; cruelle catastrophe qu'on doit attribuer au défaut de réalisation du crédit donné sur Hambourg à ces mêmes officiers par l'agent anglais, et plus encore, sans doute, à l'inconcevable transport de ce crédit, fait, à mon insu, par ce comptable infidèle (l'adjoint secrétaire d'état Cooke) sur la place de Paris.

Inutilement j'avais pressé avec vivacité le cabinet de Saint-James et M. Cooke de tenir l'engagement de verser les fonds promis. J'avais épuisé mes propres valeurs et mon crédit, et le moment de me faire rembourser de mes avances arriva. Il fallait acquitter les obligations que j'avais contractées, pour créer, pour organiser les ressorts qui devaient donner l'impulsion et effectuer la plus importante des opérations.

Je fis une demande, et l'adjoint secrétaire d'état au département de la guerre, le même M. Cooke, me répondit enfin, le 8 janvier 1806 « *que le gou-*
» *vernement était prêt à solder toutes les sommes*
» *payées ou avancées par moi, ainsi que les dépenses*
» *que je pouvais avoir faites.*

« *Signé* Cooke. »

Cependant plus de huit mois s'étaient écoulés, et la parole écrite et réitérée que m'avait donnée le secrétaire adjoint, ne se réalisait pas. Mes créanciers ou plutôt ceux de l'Angleterre me harcelaient, mes propres besoins devenaient de jour en jour plus impérieux, et je ne me lassais pas, mais toujours en vain, de solliciter, de presser la trésorerie anglaise de venir à mon secours. Cependant, M. Cooke quitta le ministère, et désigna un sieur Howard (1), payeur des Toulonnais, pour faire droit à mes réclamations. Mais, comme rien ne se résolvait, pas plus avec le successeur qu'avec le devancier, je m'adressai au ministre de la guerre, le très-honorable lord Windam, qui nomma une commission, dont le président m'écrivit en ces termes le 26 septembre 1806.

« Monsieur le Baron,

» J'ai reçu aujourd'hui par les ordres du très-ho-
» norable lord Windam, divers titres et documens,
» relativement à vos réclamations sur le gouverne-
» ment... Aussitôt mon retour à Londres, l'examen
» de cette affaire aura lieu, en y apportant toute
» l'attention que votre position et la *justice* de vos
» réclamations exigent.

« *Signé* MARTIN. »

Qui n'aurait pas cru après cette lettre, je le demande à mes lecteurs, à une satisfaction prompte, pleine et entière? J'étais dans une sécurité d'autant

---

(1) Les dépenses faites pour l'exécution d'un plan adopté par le gouvernement, renvoyées à l'examen du payeur *Howard!* du payeur *Howard*, connu dans toute l'Angleterre comme mon plus mortel ennemi; et ce, par suite de la correction publique et méritée que je lui avais infligée!

Voir les causes de ce différent avec le sieur Howard, dans le Morning-Chronicle et autres papiers anglais, juin 1802.

plus grande, qu'en ce moment, je m'occupais d'un travail très-important, dont venait de me charger ce même ministre, à qui j'avais adressé mes répétitions si fondées.

Eh bien! ce fut au milieu de ces occupations, auxquelles je me livrais pour l'intérêt de la cause royale; ce fut dans l'instant même où l'on examinait les titres sur lesquels étaient appuyées mes itératives réclamations et les droits les plus sacrés; enfin, ce fut le *jour* où le payeur Howard m'avait écrit d'envoyer recevoir le quartier échu de mon traitement, qu'une bande d'agens de la police de Londres, se pressa, s'introduisit en foule dans ma maison, en enleva tous mes papiers, s'empara de ma personne, violant ainsi la loi et la sainteté des asiles, et m'emtraîna avec mon jeune neveu, deux de mes aides-de-camp, et mon secrétaire intime, à l'allien-office, d'où sans accusation, sans audition, sans communication, le plus féroce des hommes, M. Brouk, après s'être refusé à me laisser reprendre quelques papiers de famille, des titres de créance, et même *des billets de banque* qui se trouvaient dans mon portefeuille, nous fit jeter deux heures après, hors des murs de la capitale de l'Angleterre, dans un dénuement total, sans vêtemens, sans argent, sans ressources, et ce qu'il y a de plus affreux, sans aucun motif (1) qui

(1) On a vu dans mon *Aperçu préliminaire* SUR MES RÉCLAMATIONS ENVERS LE GOUVERNEMENT BRITANNIQUE, avec quelle indignation les anciens généraux de la marine se prononcèrent contre les infâmes impostures

pût justifier ou colorer au moins un pareil attentat.

Mais ce ne devait pas être la dernière de mes adversités, et la main invisible qui venait de me

---

contenues dans une lettre anonyme répandue en Angleterre pour justifier avec quelqu'apparence de raison, l'acte d'iniquité qui, en me livrant à la fureur et à la vengeance de l'usurpateur, n'avait d'autre but que de me ravir ma fortune et le salaire de tant de travaux! Voici en quels termes le seul de mes camarades dont on avait osé compromettre le nom, s'exprimait dans la déclaration qu'il a signée en présence de MM. les comte de Broves et le chevalier de Keronwel.

« Je soussigné, capitaine de vaisseau, etc., déclare n'avoir jamais eu » connaissance du personnage auteur d'une lettre anonyme répandue à » Londres contre M. le baron d'Imbert, et par conséquent, n'avoir pu » l'autoriser en aucune manière à faire prendre près de moi des renseigne- » mens sur des faits que je savais être absolument *faux*, et qui sont for- » mellement démentis par le rapport fait par les quatre principaux officiers » généraux de la marine, MM. les comtes d'Hector, de Rivière, de Vau- » giraud et le baron de Suzannet, *rapport dont j'ai eu moi-même con-* » *naissance.*

» En foi de quoi, etc.

« *Signé*, le chevalier DESADES.

» Fait à Paris, le 31 août 1814.

A ce rapport était joint un certificat du seul ministre constitutionnel de Louis XVI avec lequel j'aie eu quelque communication.

Par cet écrit fait à Londres le 16 mars 1807, ce ministre dit: « Attes- » tons de plus, qu'à l'époque de notre retraite du ministère de la marine, » en 1792, il n'existait dans nos bureaux aucune note ni plainte *quelconque* » contre M. le baron d'Imbert, et qu'il est au contraire à notre connaissance » que M. le chevalier d'Entrecasteaux sous les ordres duquel M. le baron » d'Imbert a fait une campagne dans l'Inde, en Chine et la mer du Sud, » a rendu les témoignages les plus honorables sur le compte de cet officier, » *et a sollicité pour lui les grâces du Roi,*

» *Signé*, BERTRAND DE MOLLEVILLE. »

frapper, ne voulut point borner sa haine ou sa vengeance à une simple spoliation et à un forfait ordinaire. Je fus, malgré mes protestations, malgré les lois protectrices que j'appelais en vain à ma défense, arraché de mon domicile, éloigné du sol où tout parlait de mes services, où j'avais donné tant de preuves de zèle, d'activité, de dévouement, de quelques talens peut-être, et je fus traîné, jeté sur les côtes du Holstein, livré aux sbirres du tyran de l'Europe, et plongé dans un cachot obscur où je n'attendais que la mort durant une captivité de sept années, pendant lesquelles je n'ai joui que de l'af-

---

Que diront maintenant les auteurs de mes persécutions, en lisant cette déclaration et la réponse de M. le baron de Malouet, ministre de la marine, qui n'approuvant pas la demande que je lui faisais de ma *retraite*, m'écrivit, le 8 juillet 1814: « qu'il n'avait oublié ni mes services, ni mes » malheurs, que le souvenir n'en était pas effacé de sa mémoire, qu'il » était empressé de rendre justice à des droits tels que les miens, et à les » faire valoir; mais que ma lettre ne l'éclairant pas suffisamment sur » les réclamations que j'avais l'intention de faire, il me priait de préciser » l'objet de mes demandes, et de ne pas douter qu'il y apporterait une at- » tention toute particulière ».

Ce n'est point un sot orgueil qui me fait rappeler ici quelques-unes des expressions de la lettre de M. Malouet; mais d'après l'opinion propagée par certains personnages avec lesquels je n'ai jamais eu aucune espèce de rapports, et qui ne peuvent par conséquent connaître la longue et pénible carrière que j'ai parcourue, ni mes *services*, que par des oui-dire, il m'est indispensable de leur opposer l'opinion qu'en ont manifestée de tous temps mes anciens chefs et les ministres du Roi; et certes, celle de M. Malouet, qui a constamment occupé les hautes places de l'administration de la marine, donnée au moment où il venait de faire le dépouillement des services des anciens officiers de ce corps, doit suffire, je pense, pour fixer le degré de croyance qu'on doit accorder aux assertions de mes détracteurs.

freux privilége de changer de prison et d'exil (1), jusqu'au moment où la restauration brisa les portes des Bastilles de Buonaparte, en sauva les victimes, et fit luire enfin pour la France, ce jour heureux et tant désiré, où tous les partis devaient se confondre dans l'amour et la réunion des sujets et du monarque.

---

(1) On peut juger de ma position par le style des affidés du prêtre Fouché et de son successeur Rovigo.

« Paris, le 6 mars 1813.

« Au commissaire général de police à Marseille.

» J'ai l'honneur de vous prévenir, etc...... que le sieur Xavier Lebret » d'Imbert, ancien officier de la marine, émigré, *non amnistié*, est » envoyé en surveillance à Marseille... Pendant son séjour en cette ville, » il devra faire l'objet D'UNE SURVEILLANCE TOUTE PARTICULIÈRE.

» *Signé* RÉAL. »

Réponse.

« J'ai reçu...... relative au sieur Xavier Lebret d'Imbert, ancien officier » de la marine, émigré, *non amnistié*, que vous avez placé sous ma » *surveillance secrète, et non ostensible :*

» Ce personnage est logé rue du Pavillon, n° 9. Il vit très-retiré et » mène une conduite régulière ; ses fréquentations ordinaires sont chez des » personnes respectables et de bonnes familles.

» Au surplus, j'aurai soin d'exercer à son égard la surveillance que vous » m'indiquez, et de vous en tenir informé tous les quinze jours.

» Le commissaire, etc.

« *Signé* PROGLIE. »

Je tiens cette correspondance d'un membre du bureau de surveillance à Marseille, qui m'instruisait exactement des chances favorables et défavorables au succès de la cause sacrée, qu'il a servie avec autant de désintéressement que de constance, pendant le cours de la révolution.

J'entends les ennemis qui me poursuivent, les vils calomniateurs qui sont à leurs gages, les partisans de l'anarchie que j'ai combattue, les invariables amis de la *puissance de fait* qui ont arboré tous les étendards, et à côté d'eux, une foule d'honnêtes gens d'autant plus faciles à séduire, qu'ayant toujours été *fidèles* à la royauté, ils sont plus disposés à s'armer d'une sainte indignation contre ceux qu'on leur signale comme des faibles ou des traîtres, s'écrier simultanément, qu'une déportation indique toujours quelques secrètes menées, quelque coupable entreprise, quelque sourde conspiration.

Non, la déportation n'avait pas toujours pour cause en Angleterre, la crainte de manœuvres criminelles contre l'État. Certes, je ne conteste pas à un peuple la faculté de chasser de son territoire les hommes qui peuvent compromettre sa sûreté ; c'est *de droit public*. Je ne prétends pas non plus, que l'on n'ait jamais déporté de Londres et des trois royaumes, que des innocens et des victimes. Mais, j'en appelle à l'empire britannique entier. Les intérêts particuliers n'ont-ils pas souvent pris le masque de l'intérêt public, soit pour éviter des demandes importunes, des exigeances de reddition de compte, des explications fâcheuses ? *L'allien-bill*, dont le but est de protéger toute une nation contre de sourdes attaques, n'a-t-il pas souvent froissé des individus qui, par leurs services, avaient acquis le droit à une entière et paisible hospitalité ? *L'allien-bill* n'a-t-il pas servi des calculs privés, même jusqu'à rompré des intrigues d'amour? Entre mille et une citations, je m'arrêterai à celle concernant la fille d'un baronnet, qui, trop éprise d'un émigré, qualifié cependant et homme d'honneur, en persistant dans une passion contrariée par son père, a causé, à son grand regret, la déportation de son amant. Le jeune vicomte.... fut forcé de sortir de la Grande-Bretagne, escorté comme un criminel, pour éviter à un père récalcitrant, la disgrâce d'une alliance qui ne lui plaisait point.

Je le demande maintenant à tous les publicistes, et surtout aux membres des communes et aux lords du parlement : Est-ce pour tant de belles choses qu'ils ont dérogé à *l'habeas corpus*, ce palladium de la liberté individuelle?

Et contre qui cette mesure de rigueur a-t-elle été prise? contre un homme qui, constamment et dernièrement encore, dans une situation plus que critique, a montré son dévouement au monarque et à sa dynastie, et dont la position sociale en France, ne pourrait qu'honorer sous tous les rapports, le baronnet d'Angleterre.

De-là, qu'inférai-je? que l'arbitraire est partout, et que bien des gens en ont comme moi ressenti les effets, autant à Londres qu'à Paris, dans la période trop historique de 1789 à 1814.

Raisonnons : pour qui donc, ou contre qui ai-je pu conspirer? on ne dira pas sans doute que c'est pour Napoléon : il ne récompensait pas les traîtres vendus à ses ordres, à sa politique, par la proscription et les fers. Si ce n'était pas pour l'usurpateur, c'était donc pour le Roi que je conspirais : et quel acte le prouve mieux que les supplices qui ont lentement et si cruellement dévoré ma vie, pendant sept ans de privations, de torture et d'esclavage. Que l'on écoute au reste, lord Liverpool lui-même, écrivant deux mois après ma déportation, au baron de Dillon (1), mon fondé de pouvoir à Londres : « Je n'ai point, dit-il, de

(1) M. le baron de Dillon, me marquait par sa lettre du 15 septembre » 1814 : « On n'a jamais rien vu de plus oppressif et de plus ATROCE » que la conduite du gouvernement anglais à votre égard ; cette conduite » mérite d'être démasquée, et elle le sera sans doute efficacement à » Westminster-Hall, surtout entre les mains de la personne à laquelle je » recommanderai votre affaire, etc ».

Voici la lettre que le noble anglais écrivit à ce sujet à S. E. lord Castlereaght.

« Milord,

» D'après ce qui s'est passé dans le mois de juillet dernier entre vous » et moi, à la place de Saint-James, et d'après les représentations que » je vous fis à cette occasion, représentations fondées sur une connaissance » parfaite et certaine des faits, j'avais espéré que l'affaire de M. le » baron d'Imbert aurait été prise en considération.

» En revenant à Paris, j'ai appris que le contraire était arrivé. Il en est » résulté que je me suis vu forcé, malgré toute ma répugnance, à engager » ce gentilhomme, non-seulement à mettre son affaire sous les yeux des » deux chambres du parlement, mais encore à en porter connaissance » devant un *jury* à *Westminster-Hall*, en intentant un procès contre » lord Liverpool, ministre responsable alors, comme d'abus de l'auto- » rité à lui conférée d'après l'acte des étrangers (alien-act), et pour la » saisie illégale de ses papiers.

» Comme l'accroissement considérable de ma fortune m'a fait aban- » donner le barreau (M. de Dillon était avocat à la grande chancellerie), » cette affaire sera confiée à la conduite de M. Brougham, avocat, dont » l'éloquence est particulièrement propre à faire ressortir une cause qui » offre tant d'actes d'oppression et d'injustice comme celle du baron

» délit à reprocher au baron d'Imbert; son éloigne-
» ment a été une mesure de *précaution politique*
» déterminée par des circonstances qui ne peuvent
» nuire en aucune manière à ses DROITS, ni à ses
» RÉCLAMATIONS envers le gouvernement anglais. »

J'ignore encore quelles ont été les précautions politiques qui ont pu déterminer ce premier ministre de l'Angleterre, lord Liverpool, à l'acte le plus arbitraire, le plus impolitique, le plus inhumain. Mais enfin, il daigne avouer mes *droits* et assurer que rien ne peut les altérer, les inficier, les anéantir : C'est vraiment heureux! Mais j'argumenterai, et je dirai : si j'ai des droits, pourquoi sont-ils méconnus? si le gouvernement britannique a contracté une dette considérable envers moi, pourquoi

---

» d'Imbert, ainsi que je puis l'affirmer en justice d'après une connaissance
» parfaite des circonstances.

» S'il résulte quelques désagrémens pour le gouvernement, de cette
» publicité devenue nécessaire, on ne pourra l'attribuer qu'à la conduite
» du gouvernement lui-même.

» Il est bon aussi que M. Cooke sache quels sont les procédés qu'on se
» propose de suivre, puisque les originaux signés de sa main, existent;
» originaux que les messagers du bureau des étrangers ont en vain cherché
» à se procurer lors de l'arrestation de M. le Baron. Il est aussi singulier
» que les papiers de M. le Baron aient été transportés du bureau de
» l'intérieur à celui de la guerre. M. Cooke doit considérer sérieuse-
» ment comment il lui sera possible de faire concorder des choses qui
» paraîtront à la publication de ces papiers, dont il a été donné com-
» munication à tous les Anglais qui sont dans cette ville.

» Je, etc.

» *Signé* J.-J. DILLON.

» Paris, le 15 septembre 1815. »

n'est-elle pas acquittée ? Cette question est pressante ! apparemmment qu'il était plus facile de me déporter, que de faire rendre compte à M. Cooke, et par suite de me payer : et la preuve que je ne hasarde point une accusation vague ni sans fondement, c'est la série des attentats exercés sur ma personne.

On dira peut-être que j'entre ici dans une fastidieuse et trop prolixe accusation. Mais j'ai pris l'engagement de dérouler le tableau de ma vie; il faut donc que je groupe tout ce qui le compose, et que je combatte tout ce que l'on voudrait lâchement m'imputer.

En 1807, lord Liverpool pouvait tout se permettre et tout oser. Il pouvait, oubliant qu'il m'avait appelé dans ses conseils, qu'il s'était servi de mes plans, de mes idées, de ma personne et de mes capitaux, il pouvait, dis-je, étouffer ma voix en me livrant à l'ennemi, qui n'ignorait point que j'avais frayé de *nouvelles routes* pour arriver jusqu'à lui ; à cet ennemi trop informé que j'avais forgé des armes pour le *combattre ;* que je rédigeais, que je dressais des plans dont l'exécution facile devait mettre un terme à son usurpation ; que je dirigeais en chef les opérations; que mes émissaires enfin étaient partout sur ses pas ; et que déjà le trône des Bourbons aurait pu se relever par le coup le plus hardi et le mieux calculé, si l'agent britannique, M. Cooke, eût rempli ses engagemens, et que le crédit donné sur Hambourg par ce comptable infidèle eût été honoré.

Si j'étais aussi accessible aux impressions de la calomnie que l'a été lord Liverpool, à mon tour, je pourrais devenir son accusateur et lui demander à la face de l'Europe entière, comment, avec la plus étrange distraction, comment, avec la plus impolitique et la plus légère détermination, il a pu faire remettre à Altona à la dispotition de Buonaparte, l'homme qui, mieux que personne, pouvait lui donner tous les fils du réseau dont la diplomatie l'enlaçait, le mettre en garde contre des pratiques hostiles, et lui découvrir tous les piéges dont il était entouré.....? Mais j'abandonne à mes ennemis le domaine du mensonge; je leur laisse les tristes excuses de l'impéritie et du faux amour-propre dévoilés.

L'administration de lord Liverpool appartient à l'histoire; elle s'en emparera, elle la jugera, et dira pourquoi ce premier ministre a permis une seconde fois, au mois de novembre 1814, au sein de la plus profonde paix, lorsque l'Angleterre n'avait à redouter aucun complot, lorsque *l'alien-bill* ne pouvait raisonnablement frapper le Français, auquel l'ambassadeur du roi de la Grande-Bretagne près la cour de France, avait délivré un passeport pour l'Angleterre; que le baron d'Imbert, qui venait à Londres, demander justice de l'attentat commis contre lui en 1807, qui venait à Londres réclamer les sommes importantes que lui doit le gouvernement britannique et les *avances* qu'il avait faites pour la cause; que le baron d'Imbert, qui y séjournait sur la foi des traités, en fût exilé de nouveau, et y devînt, pour la seconde fois, victime de l'acte le plus arbitraire, le plus inoui? Eh quoi! le premier ministre de l'Angleterre a eu recours à *l'exil* et à la violation du droit des gens, pour retarder ou empêcher l'effet de mes demandes? Car alors, ce n'était plus sans doute par une *précaution politique* qu'il me forçait à quitter l'île si long-temps hospitalière, ce ne pouvait donc être que par une *précaution financière* (1), et voilà tout; laquelle me mettait dans l'impuissance de poursuivre

---

(1) On peut se pénétrer du sentiment que doit produire dans tous les cœurs honnêtes, l'aspect d'un ministre de la Grande-Bretagne, qui après avoir reconnu l'erreur dont il m'a rendu victime, et m'avoir froidement livré à l'usurpateur *par mesure de précaution*, ne s'est pas empressé de réparer cette faute, et n'a pas élevé la voix pour empêcher ma seconde déportation? Lord Liverpool n'était-il pas obligé plus que qui que ce soit, en sa qualité de premier ministre, d'après sa propre conviction, et pour son honneur, de s'opposer à une nouvelle infraction du droit des gens et des traités? Cependant, il laisse consommer une double fois l'iniquité, et c'est en Angleterre que ce grand acte d'oppression a eu lieu; c'est dans cette île qui se vante d'être le temple de la liberté...... Je m'arrête. Voici comment s'est exprimé à ce sujet un des plus célèbres jurisconsultes d'Angleterre M. P.

« Un officier général de la marine française, M. le baron d'Imbert est » venu réclamer un paiement considérable de notre gouvernement; M. d'Imbert a dirigé en 1793, le soulèvement de la flotte et de la ville de Toulon » en faveur de Louis XVII. Il a reçu les témoignages les plus honorables » de l'amiral lord Hood, et de sir Gilbert Elliot (lord Minto), principaux ministres plénipotentiaires de S. M. Il était sur la liste des officiers » Toulonnais, qui en exécution du traité devaient être payés de leurs appointemens par le gouvernement britannique. Il a d'ailleurs fait des *avances* » considérables à des émigrés qu'il a employés *par ordre*, dans des missions *secrètes*. Mais en 1807, il fut tout-à-coup déporté d'Angleterre; » jeté sur le continent, il tomba dans les mains de Buonaparte qui le » fit tenir dans une prison étroite dont la restauration des Bourbons » lui a fait ouvrir les portes. Il vint, il y a un mois, à Londres, réclamer » l'arriéré de sa pension et ses AVANCES, le tout montant à une somme » majeure. Dès que lord Sydmouth (ministre de l'intérieur) en eut connaissance, il fit donner l'ordre au baron d'Imbert de sortir d'Angleterre. » Celui-ci appela de cet ordre au Conseil privé. Nous apprenons que

mes débiteurs, de demander justice, et de faire punir mes calomniateurs.

J'interroge lord Liverpool : les Melleville, les Grainville, les Pitt, auraient-ils agi comme lui ? auraient-ils permis, je le dis encore, je le dirai cent fois, que celui qu'ils avaient appelé dans leurs conseils, que celui dont ils avaient adopté les plans; que celui dont les services, dans l'intérêt de sa patrie et de son Roi, avaient été utiles au peuple anglais; que celui que le cabinet insulaire avait si étrangement compromis, fût payé par la spoliation et récompensé par les outrages ? Car, je veux le croire, le premier ministre a été trompé, faible ou prévenu. Mais ai-je moins été lésé dans mes intérêts, moins attaqué dans mon honneur, moins poursuivi par l'agent prévari-

---

» nonobstant le texte des actes du parlement d'Angleterre, qui institue » le Conseil privé de S. M. B., *cour*, non pas seulement pour *juger*, » mais pour *entendre* les parties dans les discussions des contestations » qui s'élèvent entre elles et le gouvernement, le Conseil privé a refusé » d'entendre le baron d'Imbert même par l'organe de son Conseil, et » a pris à son égard la détermination de le contraindre à se justifier par » *écrit*, d'une mystérieuse dénonciation dont on a refusé de lui donner » connaissance, *c'est-à-dire, à produire des preuves négatives sur des* » *faits inconnus*. Le baron ne pouvant y obtempérer, a été de nouveau » forcé de quitter l'Angleterre.

» L'opinion la plus commune est que le ministère ne s'est porté à cet » acte arbitraire de violence, que pour ne pas payer et rembourser au » baron d'Imbert les sommes importantes qu'il lui *doit*. On assure que » l'affaire sera déférée au parlement, et que M. d'Imbert y sera défendu » par le célèbre M. Brougham. D'un autre côté, le baron publiera sans » doute un mémoire. Nous allons sous peu voir comment lord Sydmouth » expliquera sa conduite. »

Extrait des papiers anglais. Voyez la Quotidienne du 5 février 1815.

cateur? Tout le mal qu'un ministre n'empêche pas, doit retomber sur sa tête, lorsque ce sont ceux en qui il a placé sa confiance qu'il faut en accuser, et lorsque tout fait apparaître qu'il est instruit des injustices, des vexations, des délits, des actes d'oppressive autorité qui se commettent en son nom, et qu'il n'en fait pas punir les auteurs.

C'est ainsi que je pourrais accuser le ministre anglais de l'inexplicable instance avec laquelle un de ses agens osa demander, solliciter, exiger même, mon éloignement de la Belgique, où je m'étais joint à tous les amis du trône, où j'étais venu offrir le reste de mon sang à mes princes légitimes! Mais l'agent anglais n'était point là sur son terrain. On protégeait sous ce gouvernement l'honneur et la fidélité, et cette direction suffisait pour que mon séjour ne fût point inquiété inconsidérément. Qu'il me soit donc permis de renouveler ici l'hommage public de ma respectueuse gratitude à l'auguste souverain qui règne sur les Pays-Bas et les Provinces-Unies. Il daigna m'accueillir avec la bonté qui le distingue si éminemment, me rappela le souvenir de la mission dont j'avais été chargé près de son auguste père, et me donna toute l'étendue de ses états pour y fixer mon séjour. Grâces, et toujours grâces soient rendues aux monarques mémoratifs et reconnaissans!

De retour à Paris, quand le Trône de France se raffermit une seconde fois sur ses indestructibles fondemens, j'espérais jouir enfin de mes sacrifices, de ma fidélité et de mes longs travaux. Mais alors s'entr'ouvrit de nouveau devant mes pas une épouvantable vallée de malheurs vraiment imprévoyables : c'est ici que s'agrandit encore ce cercle immense d'iniquités, de perfidies, de trahisons, d'injures, d'affronts et d'oublis dont on a payé ma loyauté et mes services.

C'est bien ici qu'une main ennemie, mystérieuse, puissante, m'a précipité dans l'abîme, qu'elle semble avoir creusé pour absorber mon existence morale et physique; mais c'est ici, puisqu'on m'y force, que je dois chercher moins pour mon intérêt particulier que pour celui des hommes et des choses, à déchirer le voile qui cache l'auteur de tant de monstruosités.

Les dépenses que j'avais faites par l'ordre du gouvernement anglais, étaient considérables. M. Cooke, dont les relations nécessaires avec moi ne sont point oubliées du lecteur, avait été chargé d'en faire les fonds et de les acquitter. On a vu que le crédit que cet adjoint secrétaire d'état avait donné sur Hambourg n'avait point été honoré, et que cet agent infidèle envers moi, n'avait rempli aucun des engagemens de ses supérieurs. Il avait fait plus sans doute par ses intrigues et sa puissance : tout porte à croire qu'il m'avait fait sortir forcément deux fois d'Angleterre, afin de mettre un terme à mes réclamations, et de se dispenser d'arrêter le compte des sommes qu'il devait me rembourser : habile tactique, qui m'empêchait de signaler aux trois royaumes ce nouveau genre de liquidation, qui maintenait le voile sur les résultats numériques, et qui promettait à qui cette découverte dans l'art de l'arithemétique pouvait profiter, de dormir tranquillement sans craindre l'arrêt qu'aurait pu prononcer une des quatre règles.

C'est cette antipathie pour la liquidation, qui sûrement avait suggéré à M. Cooke l'idée de nommer en 1806, le sieur Howard, en qualité de commissaire préposé à l'examen de mes comptes. C'est nécessairement encore la même antipathie, qui, comme nous le verrons plus bas, lui fit déserter, en 1815, l'arbitrage d'un ministre français choisi par le premier homme d'état de l'Angleterre, alors résidant extraordinairement près la cour des Tuileries.

Mais j'anticipe sur l'ordre des faits, car ce n'est pas seulement au-delà du détroit que j'ai eu à débattre contre M. Cooke, il m'a fallu lutter corps à corps avec lui, sur les bords même de la Seine.

Je m'occupais à Paris de ramasser les matériaux utiles à une réclamation judiciaire au parlement de la Grande-Bretagne, lorsque le hasard me fit rencontrer un jour, au Palais-Royal, le cauteleux, le fallacieux M. Cooke. Je m'emparai de sa personne, et sur son refus de m'entendre, je le conduisis, de ma main, chez lord Castlereaght, son juge naturel. Ce ministre tenait conseil d'ambassade et ne put me recevoir. Alors M. Cooke m'échappa. J'écrivis en conséquence à S. S.

Mylord,

« Le hasard m'ayant fait rencontrer hier M. Cooke, » notre entrevue a donné lieu à un commencement » d'explications, qui ne peuvent mieux se terminer » qu'en présence de votre seigneurie.

« Nous nous sommes rendus dans cette intention
» à votre hôtel ; mais vous étiez en ce moment,
» Mylord, au conseil, m'a-t-on dit.

« Comme il importe essentiellement que Votre
» Excellence soit instruite et se prononce sur cette
» même explication commencée avec M. Cooke, je la
» supplie de vouloir bien m'indiquer un rendez-vous,
» pour la mettre à portée de prendre une détermina-
» tion conforme aux principes d'équité dont elle est
» animée. Je suis, etc. »

A cette lettre le ministre répondit :

« Lord Castlereaght fait ses complimens à M. le ba-
» ron d'Imbert, et en réponse à sa lettre d'hier, de-
» mande la permission de l'informer, quant à pré-
» sent, que l'affaire dont il fait mention dans cette
» lettre, a été mise entre les mains de M. Decazes,
» par l'ambassadeur de S. M. près cette cour.

Hôtel de l'Ambassade, etc.

En effet, M. le duc Decazes m'écrivit :

MONSIEUR LE BARON,

« La nécessité de terminer les différens qui se sont
» élevés entre vous et M. Cooke, et ce sous-secrétaire
» d'ambassade m'ayant déclaré qu'il était disposé à
» faire honneur à toutes répétitions *légitimes* que
» vous auriez à faire valoir contre lui, je vous invite
» à me faire connaître en détail (1), les titres sur
» lesquels repose votre créance.

Signé DECAZES.

---

(1) Voir ma pétition à la Chambre, page 243.

Je m'adressai en conséquence à lord Castlereaght, en ces termes.

MYLORD,

« J'ai reçu la lettre. . . . .

« Il y a nombre d'années que je sollicite infruc-
» tueusement de M. Cooke, le réglement de mes
» créances tant à sa charge, qu'à celle du gouverne-
» ment anglais; et que n'ayant pu rien obtenir, j'ai
» insisté pour qu'il me fût donné des juges. . . .

» Néanmoins, si V. Exc., maintenant mieux in-
» formée, pense ainsi que moi, qu'il serait plus
» conforme aux usages qui nous sont familiers, de
» nommer une commission, il serait convenable
» qu'elle fût composée d'un officier supérieur de la
» marine anglaise, d'un jurisconsulte que Votre Sei-
» gneurie désignerait, et d'un officier supérieur de
» la marine française que je prierai le ministre de ce
» département d'indiquer; c'est le plus sûr moyen
» d'éviter une publicité que mon honneur compro-
» mis, ma famille en deuil, mes intérêts et surtout
» ceux de mes créanciers, me font un devoir de ne
» pas différer plus long-temps.

Je suis, etc.

La communication officielle qu'on va lire, suivit immédiatement.

» Lord Castlereaght fait ses complimens à M. le
» baron d'Imbert; il a reçu sa lettre du 23 courant.

» Sachant que M. Decazes lui a demandé d'établir » un état des demandes qu'il peut avoir contre » M. Cooke, lorsque le baron était employé par lui, » *par la direction ou par l'ordre du gouvernement an-* » *glais*, son opinion est, qu'il n'y a point de raison » en ce moment pour s'écarter de la ligne qui a été » adoptée ; M. Decazes sera sûrement disposé à » rendre toute justice à M. le baron, comme sujet » français. »

Je me conformai à cette décision, je communiquai toutes les pièces, et après plusieurs conférences avec cet honorable arbitre, je le convainquis de la légitimité de mes réclamations, au point qu'il m'invita lui-même à fixer la quotité de mes *indemnités* (1).

Je sollicitai de ses complaisances de me mettre en présence de M. Cooke, mais l'agent anglais redoutant la lumière qui devait jaillir de la confrontation, *déserta l'arbitrage* et trouva plus facile de retourner dans sa patrie, que de soutenir l'aspect et les interrogations de son adversaire, devant un juge.

Alors je marquai à M. le duc Decazes : « Je viens » d'être informé. . . . .

---

(1) INDEMNITÉS !!! Rien n'est mieux fondé que ma demande ; et s'il pouvait entrer dans ce cadre étroit un développement complet de tous mes moyens, je pousserais jusqu'à la démonstration mathématique, l'évidence de mes droits.

Pour en donner cependant une idée, je me contenterai de rapporter entre les mille et une pièces qui font titres, une seule lettre de M. Cooke ; ensuite, j'indiquerai brièvement la sensation de droit qui en dérive pour tout homme capable de porter un jugement.

« Il faut enfin, Monseigneur, que la justice
» éclate, autant pour ma position, qui doit affecter toutes les âmes honnêtes, autant pour l'intérêt de mes créanciers, irrités des retards qu'on apporte à me rembourser des *avances* que j'ai faites ou fait faire dans le bien de l'État, et plus encore de ceux inouis qu'on met pour me payer *l'arriéré* de mes appointemens.

« Depuis trop long-temps je lutte contre toutes

« Downing Street, 28 octobre 1804.

» Monsieur le Baron,

» Comme vous avez eu la bonté de vous charger de RÉGLER tous les » arrangemens à prendre avec le général Dubuc, etc. . . . .

» Le plan, tel que vous l'avez arrangé, EST ENTIÈREMENT APPROUVÉ, » et j'espère que vous en COMPLÉTEREZ TOUS LES DÉTAILS, aussitôt que » possible, etc.

» *Signé* COOKE. »

D'où la conséquence, que le contrat le plus solennel est passé entre moi et l'Angleterre, ou tout autre gouvernement qui la représente, puisque d'une part, *on voit que mon plan ayant été approuvé*, on m'avait chargé *d'en compléter les détails*, et qu'ensuite ON A CONSENTI A SON EXÉCUTION.

Or, peut-il jamais exister contrat plus solide entre l'auteur d'un projet, et celui au profit de qui il est conçu, que l'acceptation de ce même projet d'un côté, et son exécution de l'autre?

Ainsi, lorsque j'ai envoyé, conformément *au plan agréé*, mes officiers en commission, j'ai rempli les engagemens pris; et aujourd'hui, on ne pourrait pas même m'opposer le défaut de réussite, puisque je n'avais jamais pu promettre qu'un succès probable, d'ailleurs, l'on vient de voir pourquoi, mes malheureux aides-de-camp devinrent victimes de leur dévouement à la cause.

Mais je m'arrête là, n'ayant voulu que mettre sur les voies tout homme de sens, et particulièrement tout homme d'état, pour qui la réalité de mes droits ne formera plus un doute.

» les disgrâccs que de tels engagemens entraînent, » quand on est dans l'impuissance de les remplir. » Mais aujourd'hui, il ne m'est plus possible d'éloigner » un éclat qui peut avoir les suites les plus facheuses. » Fatigués autant que surpris du système machiavé- » lique qu'on suit à mon égard, ne voulant plus prê- » ter patience, mes créanciers légitimes me menacent » de procéder juridiquement; ils veulent me con- » traindre à leur céder tous mes droits, toutes mes » prétentions, toutes mes réclamations. J'ose vous » donner à penser quelle serait la conséquence de » communications dévoilant la retenue illégale qui » m'est faite, et signalant des agens prévaricateurs, qui » refusent ce qu'ils me doivent, ce que par suite je » dois moi-même, et compromettent ainsi, je ne » saurai trop le répéter, la fortune d'amis dont le » cœur et la bourse ne m'ont avancé des sommes » majeures, que dans l'intérêt de la France.

« J'ose, en conséquence, réclamer la prompte » décision de V. E., dont les principes sont si bien » d'accord avec tout ce qui est rigoureusement droit.

« Je la conjure de ne pas perdre de vue, que le mi- » nistre des affaires étrangères d'Angleterre, lui- » même, a senti le besoin de faire régler mes récla- » mations par la médiation d'une première autorité » française, etc. »

Ainsi le consentement à ce que mes droits soient réglés en France est positif.

Quelle sûreté y aurait-il pour moi de retourner une troisième fois à Londres?

Quels moyens aurais-je de m'y faire rendre mes papiers dilapidés.

A Paris, il m'en reste assez pour réfuter toutes les impostures qu'on voudrait renouveler.

D'ailleurs, quelle déloyauté n'y aurait-il pas à retenir les *appointemens*, les *avances* faites par un militaire qu'on a opprimé pendant tant d'années? Ce serait donc à dire que le droit à *l'arriéré* et au remboursement de ces mêmes *avances* serait perdu pour lui, parce qu'on aurait employé la force, que l'on voudrait convertir en droit au mépris de toute justice! Ce serait donc à dire que la violence exercée par une nation débitrice d'un simple particulier, vaudrait quittance finale!

Ici je rappellerai que M. le duc Decazes m'annonça dans son cabinet, où il m'avait expressément appelé: *Que la légation anglaise pensait, relativement à cette partie d'appointemens* ARRIÉRÉS, *qu'au Roi de France seul appartenait d'acquitter* CETTE DETTE SACRÉE, *attendu que l'Angleterre avait satisfait aux engagemens pris avec les Toulonnais rentrés dans leur patrie, jusqu'au moment où S. M. T. C. était remontée sur le trône de ses ancêtres, et que conséquemment il était plus naturel qu'ils fussent payés en France par les ministres du Roi.*

M. le duc Decazes *m'engagea ensuite à lui remettre les pièces justificatives de mes créances, ou de lui en donner des copies que je certifierais; enfin, de lui indiquer la somme d'*INDEMNITÉS *que j'entendais réclamer de l'Angleterre, et il m'invita en même temps* *à ne pas me montrer trop exigeant à ce sujet, en me faisant remarquer que l'ambassadeur de la Grande-Bretagne près la cour de France le pressait vivement de terminer cette affaire.*

En un mot, le langage de ce ministre français me donna la satisfaction de penser qu'il était pénétré de l'idée de l'incontestable *légitimité* de mes répétitions, et de la certitude d'une mesure nécessaire pour les faire cesser, ainsi que toutes celles de nature semblable.

En effet, on sait que les Chambres, dignes interprêtes des sentimens de la nation française, qui ne voulait pas rester débitrice envers la nation anglaise, se sont empressées de mettre entre les mains du gouvernement, des fonds suffisans pour notre libération, et qu'elles ont voulu qu'une des premières obligations du Trésor, fut le remboursement des sommes avancées par le gouvernement britannique, dans le but de la restauration du trône d'Henri IV; et c'est pourquoi une spécialité a été affectée et déterminée par une loi, pour opérer cette liquidation.

Or, dans cette répartition des fonds publics votés par les Chambres législatives, nécessairement, à moins d'un *non sens*, dont les plus fausses interprétations ne fourniraient pas même d'exemples, le prix des services du genre de ceux que j'ai rendus à l'État, et les *avances* que j'ai faites pour la cause, sont compris et mis en première ligne.

Comment se fait-il donc? et quelles réflexions naissent, quand on voit un ministre qui se charge d'un arbitrage, ne point prononcer alors qu'il reconnaît que son propre gouvernement est passible de l'obligation !

Au reste, la vérité, à laquelle je me suis toujours plu à rendre hommage, me force de dire que dans cette position, où lord Castlereaght l'avait placé en le nommant arbitre, M. le duc Decazes se montra, aux premiers instans, étranger à toute influence, et parut désirer terminer avec l'équité la plus stricte.

Mais dans l'état des choses rien n'est prescrit, tout reste entier, et les plus habiles gens de loi de la Grande-Bretagne et de la France, n'ont eu qu'une opinion à ce sujet.

La consultation fournie par les premiers jurisconsultes, établit que l'arbitrage dont j'avais lieu d'attendre le plus heureux résultat, n'était qu'un piége adroit tendu insidieusement par M. Cooke à deux ministres de bonne foi, dans le but de s'en servir contre moi, et pour repousser mes réclamations, comme devant être appréciées et liquidées par une autorité française, et conséquemment se trouvant placées hors de l'examen du gouvernement et du parlement de la Grande-Bretagne. C'est ainsi que jusqu'au dernier moment, et de surprise en surprise, M. Cooke n'a point cessé de chercher tous les moyens de m'entraver par une longue suite de subterfuges : à Londres, il va chercher et désigne pour commissaire liquidateur, mon plus mortel ennemi; quand j'étais sur la paille, et sous les verroux de l'usurpateur, il fait répondre aux porteurs de mes lettres de change, qu'il est absent ; et forcé par moi à Paris de se justifier devant son supérieur immédiat, lord Castlereaght, il se soustrait à ce premier juge naturel ; il en craint la loyauté, l'impartialité, et imagine un ARBITRAGE qu'il déserte honteusement. Quand Milton m'a fourni ses couleurs pour peindre M. Cooke, je n'avais point encore résumé toutes les perfidies : on trouvera le portrait trop faiblement esquissé (1).

Je suis créancier du gouvernement anglais à trois titres distincts ;

1°. Comme ancien capitaine de vaisseau de première classe, commandant en chef, je réclame la somme de *soixante-six mille soixante francs*, pour solde des appointemens arriérés, lesquels m'ont été conservés par le traité de Toulon, souscrit avec l'amiral lord Hood, adopté, exécuté par le gouvernement britannique, et publié dans la Gazette officielle de Londres ;

2°. Comme chargé de la rédaction de plans demandés par le gouvernement anglais, et approuvés par S. A. R. MONSIEUR, alors Lieutenant-général du Royaume, je demande, en vertu de la convention spéciale arrêtée entre les ministres du cabinet de Saint-James et moi, le 28 octobre 1804, d'être payé d'une somme de *trente-six mille francs*, pour reliquat de solde du traitement qui m'a été alloué, au moment où je mis en commission l'infortuné général Dubuc (2) l'un de mes agens à Paris ;

(1) Voyez ma pétition à la Chambre.

(2) Voyez les Moniteurs du 2 juin et du 29 juillet 1805.

3°. Enfin, je sollicite le remboursement des sommes que, sur *quittances*, j'ai comptées à diverses personnes, à l'instigation d'un agent anglais; sacrifice considérable, sacrifice nécessaire, pour accélérer les opérations commencées, et pour éviter les retards qui pouvaient provenir, soit des formalités à remplir à l'égard de la trésorerie, soit de la fausse direction donnée par ce même agent anglais, M. Cooke, au crédit qu'il avait ouvert à Hambourg, *et qui ne fut point honoré.*

Je prouverai donc, que ces titres sont incontestables; que l'Angleterre me doit une somme au-dessus de 200,000 francs; que cette somme m'est due pour des services positifs rendus à son gouvernement, comme allié et défenseur des droits de la maison de Bourbon; et puisqu'il est de fait que l'Angleterre en a demandé le remboursement au Roi de France; puisqu'il est de fait que la nation française, par décision des deux Chambres, a accordé les capitaux convenables pour *solder*, je demande si, par une dérivation nécessaire, l'un et l'autre gouvernemens de France ou d'Angleterre auraient le plus léger prétexte pour se refuser au *paiement* que je sollicite?

Revenons. Je n'omettrai pas de raconter, que par une fatalité que je qualifierai de caverneuse, quelques jours après avoir trouvé M. Cooke, je fus assailli en sortant de l'Opéra, par plusieurs brigands, frappé de trois coups de sabre et laissé pour mort sur la place. J'investis les tribunaux de ma plainte, je fis d'inutiles poursuites contre les assassins, et mes blessures étaient à peine cicatrisées, mes douleurs étaient encore aiguës, et j'allais continuer mes démarches pour accélérer l'arbitrage, lorsqu'une nouvelle machination ourdie, il faut bien que je le pense, par la main qui avait armé les sicaires voilés, suspendit encore la marche de mes affaires, et me mit dans l'impuissance d'en hâter la conclusion.

Conclusion! quel mot viens-je d'employer? Il semble que je sois destiné à ne voir jamais rompre la trame de mes malheurs, et la longue période de mes débats, et chaque fois que je suis prêt à m'emparer des moyens qui vont enfin éclairer la justice, un obstacle s'élève et un forfait se machine.

On se rappelle que j'avais été subitement déporté d'Angleterre, lorsqu'on devait me couvrir de mes avances, et me solder toutes les sommes dues par le gouvernement britannique; on conserve la mémoire de mes sept années de captivité dans les prisons de l'usurpateur; on n'a point perdu de vue que le comptable Cooke s'était soustrait à la décision de l'arbitre choisi par son propre ministre; procédé aussi commode pour me payer, pour satisfaire à ses obligations, que le double acte de violence, d'exil et de déportation, exercé contre moi par ses protecteurs trop enclins à recevoir son influence et à obéir à ses instigations; on a frémi à l'aspect du tableau de l'assassinat tenté sur ma personne, par un calcul et dans un intérêt, dont je laisse au lecteur à donner l'indication. On va voir que la ligue de mes ennemis, ne sachant comment arriver à ses fins, et ayant épuisé toutes les données auxiliaires, allait, peut-être de guerre lasse, suspendre ses attaques et me livrer à moi-même, à mes droits, quand la puissance céleste dont j'espérais avoir reconquis la bienveillance, ne me protégea point assez pour permettre qu'au moins cette trêve se prolongeât, et me laissât tranquillement et sûrement respirer pour la première fois, depuis un demi-quart de siècle.

Je jouissais donc des douces illusions de la paix, lorsque *de vieilles affinités morales ou immorales* procurèrent facilement à mes persécuteurs, l'assistance *d'un allié d'une nouvelle espèce*; d'un de ces caméléons politiques, qui sont toujours actifs quand il faut faire le mal, et sans ressorts quand il faut faire le bien; qui se présentent les mains tendues, partout où l'on peut leur ouvrir l'espérance de pousser leur fortune; qui protestent de dévouement à deux maîtres à la fois, dans la crainte de ne point avoir devant qui se prosterner, et dont j'avais déjà fermé la bouche, quand elle s'apprêtait à me calomnier sur le territoire étranger, parce que j'étais loyal et fidèle, moi, comme je le fus toujours, parce que lui, il était toujours lui-même. Et lorsque depuis la capitale de la Belgique, mes regards se dirigeaient encore sur l'île où je travaillai si long-temps pour la cause royale, tandis que les siens, dans un sens contraire, se portaient sur les différentes souverainetés où il fléchit si bas les genoux et le front devant le plus éphémère des potentats, dont il ne peut se rappeler les faveurs, alors qu'il en sollicite d'une autre main, sans avouer que la gratitude ne fait point l'honorable base de son caractère.

Ainsi donc, mes ennemis trouvèrent sous leurs mains et dans un ancien dépositaire de l'autorité, toute la somme d'iniquité et d'arbitraire dont ils avaient besoin, et ils saisirent cette bonne fortune sans délibérer un moment.

Le caméléon que je viens de dépeindre, un des plus serviles esclaves de Buonaparte; l'homme que le département de l'Aube avait compté parmi le chef des anarchistes qui ont dévasté la France; l'homme que Robespierre avait remarqué dans les rangs des héros de 93, dont le Directoire avait employé ce qu'à toute force, de toutes parts et dans tous les bureaux, il prônait ce qu'il ose appeler encore ses talens; en un mot, l'administrateur à qui la Westphalie et le duché de Berg doivent l'état de nudité où se trouvent aujourd'hui les édifices, les dépôts publics, tout le sol et les habitans de toutes les classes, redevient le champion, le protecteur de mes adversaires; l'homme que j'avais signalé comme un calomniateur, que j'ai personnellement et publiquement sommé de me répondre, et qui fut incapable de justifier ses imputations, ni d'indiquer la source du poison qu'il avait clandestinement distillé; l'homme enfin qui n'a trouvé dans son âme, ni l'énergie de soutenir une accusation, ni la noblesse de réparer une erreur, pour servir les passions d'autrui, provoque une *ordonnance* (1)

(1) Le 3 février 1819, cette ordonnance a été révoquée; S. M. a maintenu les DISPOSITIONS de celle rendue en ma faveur le 31 décembre 1814.

qui tendait à me priver du fruit de cinquante ans de travaux.

Le cri de l'indignation générale se fit entendre : les gens de bien, les juges impartiaux, les hommes à nobles souvenirs me plaignirent. Qu'a-t-il fait, disent-ils, qui ne soit honorable ; qu'a-t-il tenté, qui ne dût être utile à l'état ? que voyons-nous aujourd'hui, dont ses vœux et ses plans n'aient cherché à hâter le succès ?

Un autre cri est venu se mêler à cet accent de la confiance publique ; je ne m'en étonne point, et mon lâche, mon acharné persécuteur, put s'en effrayer ; tout surpris qu'il devait être d'avoir réveillé si maladroitement les tempêtes du cœur et de la turpitude humaine. Quoi ! disaient certaines voix connues pour n'avoir jamais proclamé sous les lambris bureaucratiques, que le droit de la force ; le marin, le vieux serviteur qui nous a démasqués, signalés, réduits à ne plus lui répondre que par des sophismes ou des contre-vérités ; la personne qui refusait toutes les largesses dont on payait, il y a dix ans, la bassesse et la trahison ; l'homme fort, qui nous enseignait comment on pouvait braver la puissance illégitime, quand nous en mendions les titres, les honneurs, les insignes, restera sur la ligne de ceux dont nous nous complaisons à louanger toutes les vacillations, à rehausser tous les services vénaux rendus à tous les pouvoirs ; de ceux dont nous avons épousé les querelles, dont nous affirmons si chaudement les dires, dont nous embrassons les haines, et dont nous soutenons si bénévolement les ménées ; de ceux enfin, à la dévotion desquels nous n'avons point cessé de nous mettre depuis l'heureux régime, depuis l'heureuse époque, où nous sommes presque devenus des maîtres, de subalternes (1) que nous étions ? ce censeur incommode, cet opiniâtre adversaire, jouira, comme nous en jouissons aujourd'hui, de toute l'opulence, de tout le pouvoir, de tout l'éclat, de toute la considération qui n'ont fait que redoubler au moment où nous tremblions qu'on ne nous en privât ? Non, non, cela ne sera point, ajoutaient-ils, et ce renfort d'antagonistes se liait ainsi par une singuliarité, dont l'observateur de nos jours extraordinaires fera certainement son profit, à mes défenseurs, à mes vrais appréciateurs, en déversant avec colère le blâme sur un *personnage* dont ils accusaient le défaut de droiture, de réflexion, et auquel ils ne pardonneront jamais de m'avoir confondu avec eux et leurs amis.

Position, qui, par son ridicule, amènerait sur

---

(1) Quand j'attaque la bureaucratie, qu'on ne croie pas que j'aie l'intention d'insulter à la classe nombreuse, laborieuse et recommandable sous tous les rapports, des employés en général. Partout il y a des intrigans qui, s'emparant des masses et des institutions, et les dirigeant ou les exploitant au profit de leurs affections et de leurs intérêts, deviennent les tyrans de leurs collègues, l'effroi des subalternes, la nécessité de leurs supérieurs indolens ou peu capables, et consacrant à leur volonté l'injustice, ils disposent de la fortune et des droits de chacun, faisant ainsi du pouvoir public le leur propre. Voilà les hommes à qui je m'adresse ; voilà les ambitieux qui ont fait de la bureaucratie, la plaie de l'administration française ; voilà les sous-ordres ambitieux, dont les ministres, les administrés, et la presque totalité des commis voudraient être débarrassés.

mes lèvres le sourire de l'ironie, si l'injustice pouvait permettre que mon front se déridât; mais qui devient la plus sévère leçon qu'on puisse adresser à un dépositaire de la puissance, mu par tout autre penchant que par le besoin de servir le prince et la patrie.

Ce coup inattendu et si peu mérité, m'étonna, je l'avoue. J'avais cru jusque-là ma carrière militaire et politique inattaquable. Une douleur profonde s'empara de mon cœur; de tous les biens de cette vie, il ne m'en restait qu'un seul, le plus cher et le plus précieux, l'estime de mon Roi, et l'on voulait me la ravir. Je sentis alors jusqu'où peut aller la vengeance, et puisque je ne pouvais la désarmer, je m'apprêtai à la combattre.

Mais les ressources inventives de mes ennemis avaient déjà préparé un nouvel incident, dont les suites devaient paralyser tous mes efforts. Les personnes qui n'auront point laissé échapper de leur pensée, que je fus pendant sept années englouti dans les antres de la terre par l'ordre du tyran; et qu'assiégé par tous les besoins, je n'avais souvent pour me soutenir au milieu de toutes les privations, qui me faisaient regarder quelques onces de pain ou quelques échappées d'air, comme le plus grand des bienfaits, que je ne vivais que par l'espoir d'un salut miraculeux; et qu'alors toutes les paroles consolantes, toutes les marques d'intérêt, toutes les offres de services, devaient être reçues avec reconnaissance et avidité, (car on ne choisit pas dans une situation pareille, ses affections, ses motifs d'abandon et ses liaisons, alors toujours si entraînantes dans un tel moment,) les personnes mémoratives, dis-je, trouveront tout simple que je leur apprenne, qu'en cette situation, j'avais confié ma signature en blanc pour plus de vingt mille écus à un prétendu compagnon d'infortune, qu'on avait placé à mes côtés, et qui, long-temps avant moi, recouvra sa liberté, et que j'avais commis cette imprudence dans l'espérance d'obtenir, comme lui, mon élargissement, et de me procurer quelques moyens d'existence. Mais je dois ajouter qu'aucune des promesses sur lesquelles je m'étais reposé, ne furent effectuées, et qu'après sept ans de cachots, de proscriptions, d'exil écoulés ; lorsque je ne pouvais présumer que des valeurs dont je n'avais rien touché pussent devenir un titre de condamnation contre moi ; lorsque même un créancier légitime, en appréciant ma position, se serait bien gardé de me poursuivre, puisque ses intérêts eussent été compromis ; je fus tout-à-coup arrêté à la requête d'un sieur Bernard, se disant ancien fournisseur de la marine et tiers-porteur d'une lettre de change, et poursuivant en conséquence l'exécution d'un jugement surpris à la religion du tribunal de commerce, qui me contraignait par corps pour une somme mentionnée sur un de mes blancs-seings dont je soutenais judiciairement l'abus.

Cette vexation fut heureusement éphémère, et nonobstant le concert criminel à l'aide duquel on était parvenu à me soustraire les principales pièces de la procédure, il ne me fut pas difficile de convaincre les juges de la validité de mes allégations, et d'éclairer la justice pour que je fusse rendu à la liberté par le tribunal de première instance et la cour royale (1).

Alors j'insistai près le ministre de la marine pour obtenir la communication des motifs provocateurs de l'ordonnance qui blessait mes droits. Je demandai sur quelles preuves on me traitait ainsi; tout était l'ouvrage du mensonge; j'exigeai vivement une rétractation du ministre : il se déroba à mes poursuites, et me prouva qu'on peut quelquefois avoir l'imprudence d'écouter des insinuations perfides, assez d'irréflexion, d'esprit de parti, pour les adopter et frapper, mais point assez de franchise et de courage pour donner une explication.

Alors je fis retentir les voûtes de la Chambre des députés de mes justes plaintes, sur la violation de mes intérêts et de mes droits, qui sont ceux de tous les militaires français; intérêts sacrés, droits que m'ont acquis tant d'utiles et honorables services. Les députés daignèrent m'écouter : ils rendirent une éclatante décision, qui me permit d'espérer avec fondement, la réformation de l'ordonnance surprise au prince, et mes ennemis furent trompés encore une fois dans leur attente. Mais ils étaient trop intéressés à me perdre, pour mettre un terme à leurs

---

(1) Je ne fus jamais légalement incarcéré pour dettes, parce que je ne fus jamais arrêté qu'à la requête du sieur Bernard.

En 1816, je l'avais traduit en police correctionnelle, et dans ce moment encore, j'attaque, après *dépôt à la caisse d'amortissement*, tous les actes des procédures antérieures.

complots avant d'avoir entièrement consommé ma ruine.

La ligue de mes persécuteurs ne se crut pas entièrement battue. Toujours plus fécond en créations nuisibles, leur génie infernal ne fut point rebuté devant les mécomptes et les obstacles que la vérité oppose toujours à de tels calculs. Et réellement, qui pourrait ignorer que l'inspiration du mal s'irrite progressivement du défaut de succès, et ne s'arrête qu'alors que l'aliment ou l'espoir lui manque.

La main armée qui me poursuit, cette main qui, deux fois à Londres, a fait pâlir la loi devant l'équité; cette main inconnue, mais dont le voile qui la couvre ne sera pas toujours impénétrable, s'appesantit de nouveau sur moi.

Mes ennemis, consternés par la résolution de la Chambre, par le double renvoi que Sa Majesté et les Députés des départemens venaient de faire de mes réclamations au ministre de mon arme; tremblans et sourcilleux à l'idée que la liberté de m'expliquer et de les confondre me serait enfin rendue, puisque l'obligation de me recevoir et de m'entendre était imposée à Son Excellence; certains qu'il me suffira de l'exhibition de mon état de service et d'une audience qui fera jaillir la lumière, ne balançant plus sur le choix des moyens décisifs; mes ennemis, dis-je, arrêtent que l'on me ravira mes titres, et bientôt l'exécution suit le projet. Mon asile est violé, une partie de mes papiers enlevée pendant la nuit, et mon argent, ma montre, mon linge même, le sont aussi, pour mieux masquer sans doute le but réel de ce nouveau guet-à-pens. Mais les émissaires ne furent pas plus heureux dans cette circonstance que dans les précédentes, et l'immense réunion de papiers, reste important du plus immense dépôt, dont on m'avait déjà soustrait, arraché, tant de parties, et que dans ce moment on voulait définitivement me ravir, était trop soigneusement cachée, pour qu'elle pût tomber entre leurs mains.

Je raconte :

Déjà il avait été constaté par témoins irréprochables, que j'avais manifesté dans un repas, dans une société nombreuse, le 15 août 1818, ma surprise et ma fatigue d'être constamment suivi par un homme dont je dépeignis la stature et le costume. Chacun des convives m'avait engagé avec intérêt à signaler à la justice ce mystérieux personnage; mais j'avais cru auparavant devoir lui donner un avis dont la fermeté l'avait forcé momentanément à mettre plus de réserve dans l'exécution de ses criminels desseins.

Il fut pareillement constaté depuis, par les aveux d'un accusé traduit à la Cour d'assises, que l'homme dont je viens de parler était parvenu à s'introduire chez moi plusieurs fois pendant mon absence, qu'il en avait soustrait des papiers, et qu'enfin il était du nombre, et probablement le directeur des gens qui, dans la nuit du samedi au dimanche 4 octobre 1818, avaient pénétré pendant mon sommeil, au milieu de mon appartement, et s'étaient emparé, comme je viens de le dire, de mon argent et d'autres objets, s'apprêtant à consommer entièrement leur projet par la prise de mon porte-feuille et d'un coffre qui contenait, comme on l'a vu, la totalité des pièces dont j'appuie mes répétitions, lorsque mon réveil, à temps utile, les avait forcés de prendre la fuite.

Le même accusé révélateur, et qui dans la procédure que cet attentat a nécessitée, a été condamné à l'exposition et à la réclusion, a déclaré, en outre, par écrit et de vive voix devant les magistrats : que l'intention de cette bande de misérables, à laquelle il avait eu la faiblesse de ne pas résister, était de me faire, ce qu'ils appellent dans leur *argot ordinaire*, une SCÈNE PUBLIQUE. Les déclarations des personnes de la maison et de tout le quartier, ne peuvent laisser aucun doute à ce sujet : et tel était assurément leur ordre secret, de m'assaillir et de faire une scène, que le lendemain même de l'événemet du vol, cette scène préméditée eut effectivement lieu au théâtre de la Gaîté, sur une plainte calculée d'avance entre un commissaire de police, les hommes à ses ordres et ses émissaires secrets appostés *ad hoc*, d'où l'arrestation de ma personne, sur laquelle je reviendrai dans un instant, oppressive et arbitraire s'en suivit, à ma grande surprise, à celles des gens de bien indignés, et prouve jusqu'à l'évidence, la connexité des deux criminelles tentatives.

Il a été encore prouvé que, pendant les jours qui ont suivi mon arrestation, des inconnus se sont fait remarquer par leurs démarches suspectes, et personne n'a jamais mis en doute, qu'ils ne cherchassent à s'introduire dans la maison, à l'effet de remplir l'objet dont ils étaient chargés, c'est-à-dire, l'enlèvement de tous mes papiers; en un mot, le guet-à-pens dirigé contre moi, la corruption d'un homme à mes gages, d'un secrétaire intime, que je traitais plutôt comme un fils que comme un subordonné, d'un homme jusqu'alors fidèle, ont été si publiques, que dans les premiers momens de mon incarcération, on crut devoir attribuer ma disparution subite, à un assassinat.

Ici tout se lie : et c'est sur ce nœud principal d'intrigue, que je demande à fixer l'attention du lecteur. Qu'on veuille donc réfléchir, et surtout se rappeler les dates et les faits : c'est le 5 du mois d'octobre, c'est le lendemain de l'annonce qu'une scène m'était préparée, qu'en effet, l'absurde et atroce accusation du Commissaire a eu lieu en pleine salle de spectacle. Ce complot se serait exécuté, le soir même j'en suis certain, si je n'avais pas conduit deux dames au théâtre, et que je ne fusse pas revenu en voiture chez moi. Car, jamais je n'avais été dans la soirée chez une de ces dames, et au moment où je la laissais à sa porte, ce personnage mystérieux, et toujours le personnage mystérieux qui suivait mes pas, se trouvait dans la rue, où nécessairement il n'était pas seul.

Comme il fallut étouffer ma voix, et que dans l'absence de torts réels, il était au moins nécessaire de tacher ma réputation par une de ces imputations odieuses qu'inventent trop souvent la malignité, la perfidie, pour perdre ceux auxquels l'on n'a effectivement rien à reprocher, et dont le plus grand crime est d'avoir trop raison, mes ennemis imaginèrent un moyen de me mettre sous la main de la justice.

C'était la première fois que l'invisible main qui me persécute osait alléguer un travers, et l'absurde accusation fut mise au néant et solennellement détruite par onze juges supérieurs qui s'étaient entourés de toutes les lumières. Le Commissaire accusateur fut reconnu calomniateur, et si nos lois ne lui impriment pas la lettre que le fer chaud gravait chez les Romains sur le front des imposteurs, l'opinion publique la lui applique d'une manière ineffaçable. Et quel était le but de cette effroyable accusation, dont l'autel ne garantit pas le prêtre, dont la toge ne garantit pas le magistrat, et que l'épée même n'éloigne point du militaire? Quel était le but de cette horrible, de cet effroyable guet-à-pens? le motif n'est plus une énigme. On voulait, comme je l'ai déjà dit, enlever tous mes titres, tous mes papiers; la corruption, les aveux de mon secrétaire condamné par la Cour d'assises à l'exposition et à cinq ans de réclusion, en font foi; et je dois le dire dans l'amertume de mon cœur, cette infernale machination avait aussi pour but de servir de prétexte à l'arbitraire bureaucratique, et de refroidir le zèle, de diminuer l'estime de mes appuis naturels.

Heureusement, mes ennemis n'avaient pas asse

réfléchi que si l'opinion écoute l'accusateur, elle protége aussi hautement l'accusé.

L'homme de bonne foi, l'homme de bien, commence toujours par examiner si l'imputation est exempte de passions, de haines, et surtout si elle n'a point pour motif *secret* quelque système honteux qu'on n'oserait avouer. J'ai donc dû mettre mes concitoyens, mes frères d'armes, à portée de juger par eux-mêmes la conduite et le caractère de l'accusateur, et j'ai rendu plainte (1) contre le Commissaire de police, qui a osé criminellement et dans l'exercice de ses fonctions, insérer dans un procès-verbal des FAITS NOTOIREMENT FAUX, lesquels ont été officiellement démentis par l'autorité dont il avait invoqué le témoignage.

On ne peut donc plus mettre en doute le motif dont

---

(1) On sera peut-être étonné, qu'après avoir obtenu une satisfaction complète, je demande quelque chose encore, et que je pousse plus loin une affaire, qui, depuis long-temps déjà, s'est terminée à mon avantage. Que veut-il de plus, se dira-t-on? il a un arrêt décisif, qui, conforme aux conclusions du ministère public, a repoussé la plainte dirigée contre lui. Cet arrêt, non seulement en lui-même, mais par les débats qui l'ont précédé, ferme à jamais la bouche aux calomniateurs. Qu'importe maintenant que le Commissaire de police, déja convaincu d'imposture, le soit encore d'avoir mérité la flétrissure la plus grave, et encouru l'application de l'article 146 du code pénal!

Aussi, mon intention n'était pas de renouveler une discussion ridicule, et jugée en ma faveur avec le concours même de l'autorité chargée de soutenir les accusations, mais bien de signaler ce nouveau trait du machiavélisme de mes ennemis. Je veux peindre leur malice, et la mettre au grand jour. Je veux appeler sur eux l'attention publique, en faisant connaître leurs turpitudes; et parvenant peut-être à les intimider, mettre un terme, si je peux, à leurs persécutions opiniâtres, dont ce n'est pas ici malheureusement le premier acte.

j'avais été la victime pendant la nuit du 3 au 4 octobre, la tentative du vol de mes papiers ! On est convenu que la veille, j'avais trouvé le mystérieux quidam dans une rue où je n'avais jamais paru le soir, et l'on ne sera pas médiocrement étonné, en apprenant qu'il a paru à côté de M. le Commissaire de police, dans l'instant de mon arrestation, avec deux autres individus de cette même police, sans être aussi remarquables que le *fantasmagorique personnage* ; et quand on se souviendra que le condamné qui est aujourd'hui à Bicêtre, avait dit chez moi le jour du vol, avait annoncé hautement qu'une scène m'était préparée, on sentira, je le pense, on appréciera avec attention les reproches que j'ai le droit d'adresser à mon étrange accusateur dans cette singulière affaire.

Mais pour dévoiler entièrement le système dans lequel cette monstrueuse scène fut préparée d'avance, et la suite qu'on voulait donner au guet-à-pens de l'enlèvement de mes papiers, je terminerai par dire, qu'au moment où je fus conduit au poste de la garde nationale, pour de là être transféré à la préfecture, je renouvelai dans ce lieu la demande que j'avais faite au Commissaire, relativement à la nécessité indispensable d'aller faire mettre en ma présence les scellés sur mes papiers ; et je fondai cette réquisition sur la tentative de leur enlèvement pendant la nuit précédente, en offrant de me faire escorter, à mes frais, par autant de gendarmes qu'il jugerait convenable.

Cette demande était d'autant plus opportune, que j'avais informé cet officier de police que parmi ces papiers, il en existait qui, par suite des grandes opérations dont j'avais été chargé, intéressaient la sûreté de l'état ; et ma réclamation avait paru si juste, si essentielle à MM. de la garde nationale, et même au commandant de la gendarmerie, que ce dernier eut l'obligeance d'aller en personne la réitérer de ma part au Commissaire, qui s'y refusa opiniâtrement. Ce trait n'a pas besoin de commentaires, et prouve mieux que tout ce que je pourrais dire, la complaisance criminelle de ce personnage pour des volontés étrangères et corruptrices; et la situation terrible où il s'est aveuglément placé, par une série de mensonges calculés et peut-être rétribués.

Ce plan était aussi habilement, que traîtreusement conçu.

Si l'on ne me ravissait point mes papiers (et l'entreprise était aventureuse), on parvenait toujours à me jeter dans une pénible et dégoûtante instruction judiciaire; si l'opération spoliatrice avait du succès, on n'en devenait que plus formidable contre moi, car d'une part, on me mettait hors d'état de défendre mes droits près des ministres de France et d'Angleterre; et de l'autre, dépouillé de la propriété de mes titres, des moyens de réfuter les mille et une calomnies dont on m'accablait, je n'étais plus qu'un misérable, traduit en justice sur une accusation infernale; enfin, resté possesseur de mes titres, j'en perdais toujours l'avantage, soit parce qu'en me retenant prisonnier sur la plainte, on m'enlevait toute faculté d'agir, soit (la conception était digne de Machiavel même), parce qu'après avoir recouvré ma liberté, l'on m'ôtait devant le public, les Chambres et la Cour, toute position honorable, toute faculté de me présenter, sans braver le respect humain.

Sublime, et trois fois sublime idée! qui réduisait au néant les décisions des députés, ainsi que le renvoi fait par eux, de ma pétition devant le ministère.

Mais fausse combinaison, qui peut bien un instant faire déborder pour moi la coupe de l'amertume, sans pourtant me forcer à avaler en silence, le breuvage dont on espérait l'efficace et mortel résultat.

Chacun croira qu'enfin tant de difficultés auront rebuté mes ennemis, et qu'ils se seront décidés à lâcher prise.

Mais au milieu de ma dernière victoire, ils m'avaient préparé un revers, et ils tenaient en réserve l'attaque de l'incarcérateur Bernard, dévoué à leurs ordres, et prêt à suivre toutes leurs volontés; qui, bien que j'eusse payé *cinq cent trente francs* (1) au-dessus du capital de la prétendue lettre de change, pour laquelle je l'avais traduit en police correctionnelle, eut l'audace de me faire arrêter pour la même dette, lorsque je descendais les degrés du temple où les organes de la justice avaient, d'un seul mot fait écrouler l'édifice mensonger, et le ridicule échafaudage de la plainte du Commissaire.

---

(1) Voyez quelques pages adressées par moi à mes juges, et à M. Casimir Perrier. Novembre 1820.

Que l'on connaît bien, je le dis encore, dans cette suite de manœuvres, de persécutions, la main qui me suivit d'Angleterre à Thoningue ; cette main qui s'appesantit sur moi en France sous l'usurpateur, qui ne me quitta point en Belgique, qui me poursuivit à outrance à mon retour de Gand; et qui, au moment même où S. M. venait de me rétablir dans tous mes droits par une ordonnance, maintenait les dispositions de celle rendue en ma faveur le 31 décembre 1814; au moment enfin, où la Cour royale m'avait rendu une éclatante justice, en déjouant, encore une fois, les complots; qui ne reconnaît pas cette *même* main, les obligeant, en désespoir de cause, d'en appeler à l'assistance d'un prétendu créancier, afin de consommer ma ruine, et me priver de ma liberté.

Qui ne reconnaît pas la *même* manœuvre, les *mêmes* intentions, le *même* but, lorsqu'enseveli à Ste.-Pélagie, contre toute règle et toute justice (1), on veut

---

(1) Je dois rappeler que, pour appuyer son jugement, le tribunal a surtout pris en considération la prétendue différence entre le filigrane du papier timbré de 1808 et celui de 1814.

Il s'est ici matériellement trompé, en prenant pour considérant de sa décision : « que les papiers timbrés de 1808 et ceux de 1814, n'avaient » aucune identité. « Les juges ont dit : « l'acceptation mise par le baron » d'Imbert, au bas de la lettre de change, a été *évidemment* écrite sur » un timbre de 1814, et qui diffère, quant au papier et au filigrane, » du timbre de 1808. » Tandis que personne ne peut reconnaître si un papier a été créé en 1808 ou en 1814, et qu'il est de notoriété publique qu'il n'a jamais existé de signe qui différenciât les deux papiers timbrés. Les employés, les ouvriers consultés, interrogés, ont répondu : « que » l'inégalité de hauteur ou de grandeur dans les filigranes, n'établit point

m'ôter toute puissance de faire entendre mes doléances aux magistrats, de faire annuller une seconde fois mon écrou, et d'obtenir une pleine et entière satisfaction.

» l'année de leur confection ; mais dépend uniquement du plus ou du » moins de promptitude qu'ils ont mis à sécher dans les ateliers. » Différence dont se sont prévalus imprudemment les défenseurs du sieur Bernard, lesquels, avec plus de maturité, de réflexion et de prudence, n'auraient pas mis en avant une assertion aussi hasardée.

Au surplus, la direction du timbre a déclaré par écrit : « que l'émission » des papiers au filigrane et au timbre à l'aigle a commencé le 1er. janvier » 1807, conformément à un décret du 17 avril précédent ; et que le » 1er. janvier 1815, *seulement*, on a commencé à débiter le papier » frappé du timbre royal, en exécution des ordonnances du Roi des » 17 mai et 11 novembre 1814.

» *Signé*, LE DIRECTEUR DU TIMBRE. »

C'est pourtant avec des inductions aussi fausses qu'on a surpris la religion des tribunaux et porté d'intègres magistrats, à consommer la plus grande injustice, en faisant d'un fait controuvé la base de leur sentence.

Les juges de première instance ont donc fait une fausse application de la loi ; la Cour d'appel a partagé cette erreur en confirmant le jugement. Tout ici est donc entaché du plus grand vice que le code puisse reconnaître dans l'essence des décisions judiciaires.

La Cour suprême n'a point sanctionné cet arrêt ; elle n'a point prononcé sur le mérite des moyens de pourvoi, cet acte n'ayant pas eu lieu dans le délai voulu par l'usage, elle a cru seulement ne devoir pas s'en occuper. Avec moins de rigueur dans l'observation des formes, la Cour aurait pu parvenir à la connaissance de la plus grave *erreur* qui puisse se présenter en justice et dont la preuve authentique allait lui être offerte. (*Certificat du Directeur du timbre.*)

Je soutiens donc, qu'en outre de l'erreur matérielle d'un fait dans lequel sont tombés les premiers magistrats, deux paragraphes du considérant du jugement démontrent : d'une part, que je puis justement soupçonner le sieur Bernard ; et de l'autre, à quels vils moyens cet habile compère a eu besoin de recourir pour se défendre.

Mais il me reste encore une voie, celle d'en déférer au Conseil d'état, et de publier un mémoire qui fera pâlir mon *incarcérateur*.

Les moins clairvoyans reconnaissent la *même* marche, la *même* pratique, dans la surprise faite à un créancier légitime, au nom duquel on ose agir et me faire recommander; mais qui, aussitôt, instruit de cette coupable menée par un écrit que je publiai, s'empressa, dans un mouvement peignant autant la noblesse de son âme que la justesse de son esprit, de m'envoyer de Bruxelles, par M. Forstin, les titres et le dossier des engagemens que j'avais contractés pendant les cent jours en Belgique, à l'effet de fournir aux besoins de dévoués sujets du Roi, mes compagnons de fidélité (1), et à l'existence de ma famille, dont la sûreté était compromise par suite de mes services, et qui consentit à prendre avec moi, pour *solde* de la créance, les arrangemens concertés dans l'origine, et formant la base principale de l'emprunt. Transaction qui a servi d'exemple au seul créancier que l'incarcérateur avait forcément entraîné à me faire écrouer sur un jugement par défaut.

Et pour porter jusqu'au dernier point la conviction chez le lecteur sur la complicité du sieur Bernard avec mes ennemis occultes, et sur toutes les fabrications de comptes au moyen desquels on m'a si obstinément assiégé, je répéterai ce que j'ai déjà imprimé, et ce à quoi il ne pourra opposer aucune dénégation; c'est que M. de Montvoisin, payeur de rentes, et mon fondé de procuration à cette époque, se rendit chez

(1) J'avais été accompagné à Bruxelles par quatre officiers, où j'arrivai le 24 mars. *L'Oracle* de cette ville l'annonça, par sa feuille du 30 mars 1815.

le sieur Bernard en personne, avant les deux écrous dont je viens de parler, pour lui offrir liquidation et paiement d'après son état de répétitions vraies ou fausses; qu'il en reçut des réponses évasives et presqu'un refus, dont le motif cessa d'être une énigme, lorsque les deux recommandations précitées furent effectuées le lendemain matin, au greffe de Sainte-Pélagie.

Ainsi donc, l'arrestation provoquée par Bernard étant illégale, et les deux écrous qui ont suivi le sien, étant les seuls inscrits contre moi sur les registres de Ste.-Pélagie, pendant les trente-trois mois que j'ai passés dans ce séjour de toutes les peines, ayant été biffé sur ces mêmes registres, il résulte que cet homme, mon seul et unique incarcérateur, ne peut s'être exposé à supporter tous les frais de l'instance que je lui ai aussitôt intentée, qu'avec l'espérance d'en être dédommagé par une main secrète, et pour obéir à une puissante volonté qui le faisait agir dans un sens diamétralement opposé à ses propres intérêts. Ce dernier aperçu est sans réplique.

J'avais donc eu raison de qualifier cet irrégulier poursuivant, d'exécuteur des machinations de la ligue, dont j'ai déjà signalé la violence et la perfidie dans mes différens écrits; car je ne saurais trop le répéter, ce n'était pas au moment où tout portait à croire que j'allais enfin régler mes grands intérêts avec l'Angleterre, où j'avais le plus besoin d'agir pour faire prononcer sur mes services, pour faire statuer sur ma retraite conformément aux décisions du Conseil d'État, et pour faire accélérer l'exécution des ordonnances du Roi en ma faveur, qu'un créancier légitime aurait fait usage de la contrainte. Elle ne pouvait être exercée que par celui qui, sacrifiant sa propre fortune, compromettait celle de tous mes créanciers, pour servir le système des hommes auxquels cet incarcérateur n'a cessé de prêter ses officieuses poursuites et ses soins vraiment extraordinaires.

Ici, encore une fois, tout se lie. Écroué, je ne puis élever la voix dans les bureaux des ministres, ou faire exécuter l'ordonnance qui constate mon droit. Sans moyens, sans liberté, mes débiteurs d'Angleterre et de France peuvent dormir tranquilles; tel pourtant devait être le succès des combinaisons des commettans, des instigateurs du sieur Bernard.

Veut-on des preuves plus sensibles et plus démonstratives qu'il ne travailla jamais pour lui-même, et qu'il ne fut qu'un instrument passif? Qu'on daigne m'écouter plus amplement. Le bon sens indique qu'un créancier qui pousse son obligé à outrance, n'a qu'un but, l'obtention du remboursement. Agir d'une manière différente, c'est faire soupçonner une intention mystérieuse; se réserver les moyens de prolonger la persécution, c'est montrer un dessein malfaisant; se refuser enfin à une explication, éviter la rencontre de son débiteur, même en présence des arbitres nommés par le tribunal, c'est faire connaître combien l'on craint, que du choc de la discussion ne jaillissent les lumières de la vérité.

En résumé : le sieur Bernard, au moment où il

me fait arrêter, refuse d'abord de compter avec mon payeur de rentes; sur ma demande, le tribunal nomme des arbitres; cet adversaire présente un compte qui est controversé, et dont les inexactitudes sont palpables; je dépose à la caisse d'amortissement; je recouvre ma liberté, et le sieur Bernard reste muet. Qui donc l'a rendu si indifférent sur le recouvrement de sommes dont il pressait naguères la rentrée par des voies si correctives? la main d'outre-mer, toujours la main d'outre-mer.

J'ai payé à chacun de mes adversaires dignes ou à peu près de mention et de réponse, le tribut d'un débat public.

J'abandonne donc le sieur Bernard, et j'entre dans la dernière phase de ma discussion forcée.

Il est différens genres de supplices, et mes ennemis m'en ont fait connaître plus d'un (1): il me semblait cependant qu'ils les avaient tous moralement épuisés

---

(1) Déjà, j'avais été forcé au mois d'août 1820, de porter plainte et de désigner à la justice, le chef d'un premier guet-à-pens dirigé contre moi, par un ancien partisan de la bande noire; et j'avais dû le faire pour l'intérêt de la société. Voilà les violences dont on informe les magistrats; c'est à la justice à punir les perturbateurs, les assassins: on ne se mesure qu'entre gens d'honneur; le sieur Mulder et ses complices ne seraient-ils point pénétrés de cette maxime?

Puisque le sieur Mulder avait tant d'envie de faire fortune, pourquoi n'a-t-il pas continué son premier état; nous ne nous serions point rencontrés à Sainte-Pélagie. On dit qu'il a commencé sa carrière par être matelot; il aurait pu monter un corsaire, et certainement les prises auraient été moins déloyales en pleine mer, que sur le pavé de Paris ou sous les voûtes d'une prison. Au reste, l'on prétend que les forbans ne se pillent pas; il y a même entre eux de la fraternité. Mais le sieur Mulder dans son usure, ne ménage personne, pas même ses frères en adversité.

à mon égard. Je me trompais! ils m'en réservaient un, et certes le plus douloureux de tous, dont j'étais loin de soupçonner la possibilité. C'est le

COLLOQUE OBLIGÉ

AVEC MULDER LE BRABANÇON.

Mais il faut s'y soumettre.

Si l'on connaissait bien toutes les horreurs d'une prison, tout ce que l'on souffre dans le séjour de Ste.-Pélagie, tout ce que l'on ôte de ressources à un débiteur, en le jettant dans les fers, on ne prononcerait pas si légèrement sur la liberté des hommes, et l'on ne se ferait pas un jeu cruel de forger et de river tous les jours leurs chaînes (1). Mais mes ennemis entendaient parfaitement leurs calculs, et ce n'étaient

(1) Qu'il me soit permis de rappeler de nouveau à la raison publique, au gouvernement, à la justice, que la haine ou la vengeance, que la perfidie ou un aveugle intérêt ouvrent seuls les cachots de Sainte-Pélagie; que le négociant, digne de l'être, plaint son débiteur, ne l'avilit point et lui laisse le temps de s'acquitter. Enfin, je signalerai fructueusement peut-être cette fureur de confondre avec le négociant, et de soumettre à la loi protectrice des transactions commerciales, un si grand nombre de fonctionnaires publics, dont la tribune atteste encore le patriotisme et les lumières; des agriculteurs, des gens de loi, des hommes de lettres, des artistes qui ont inconsidérément souscrit quelques effets commerciaux sans en connaître le danger; enfin des militaires, des guerriers de tous les âges, de toutes les époques, que la gloire couvre également, que la patrie comptera toujours avec orgueil parmi ses enfans, et que des besoins qu'on aurait dû écarter loin d'eux ont forcé à se jeter dans la main des juifs, des agioteurs, des usuriers, et pour surcroît de malheur, dans celle des soi-disant banquiers du jour.

pas ses combinaisons propres que Bernard l'incarcérateur avait voulu mettre en œuvre en me faisant arrêter. On prétendait, et l'on a parfaitement réussi, paralyser tous mes moyens, anéantir les restes de ma fortune. On allait plus loin; on espérait me susciter des querelles, encourager des violences et compromettre mes jours jusqu'au fond de mon cachot, parce que mes lâches persécuteurs, redoutant mon caractère, et surtout la vérité, ne se croiront jamais au succès complet de leurs trames, tant que j'aurai un souffle de vie, et parce que pour me subjuguer entièrement, un tombeau leur paraît plus sûr que des fers.

Pourquoi faut-il aujourd'hui, pourquoi faut-il que dans un moment où les décisions ministérielles et le Conseil d'État viennent de me rendre une éclatante justice, je rentre dans une arène qui semblait ne devoir pas être celle où j'aurais à combattre; et quand je considère le caractère (1), quand je regarde l'adversaire qui vient y descendre avec moi, je suis presque tenté de dire, en ramenant néanmoins à la proportion de l'homme privé, ce qui s'appliqua jadis à la position extraordinaire du chef d'un état : Ce qu'il y a de plus singulier dans cette circonstance, c'est de me trouver en regard et en débats avec le Brabançon Mulder.

Et quelle est en effet cette partie adverse? car tel se présente l'aspect de la nécessité qui m'assiége,

---

(1) Voir au dossier le procès-verbal de M. le Commissaire de police, où l'on trouve ces mots : *connu (le sieur Mulder) pour usurier et prêteur sur nantissemens.*

qu'il faut faire violence à mon cœur, à mes habitudes toujours indulgentes, pour signaler à la justice, des turpitudes dont la révélation n'aurait peut-être jamais fait publiquement rougir le front du sieur Mulder, s'il n'en eût point provoqué la publicité.

J'adoucirai ici les termes qui viennent en foule pour rendre ce qui déjà ne s'offre qu'avec trop de disgrâce à la mémoire du sieur Mulder, et je me contenterai de prendre la forme de l'interrogatoire (1) et de lui demander : s'il ne connaîtrait pas un homme qui aurait fui trop précipitamment sa patrie, poursuivi par les cris d'êtres chers et infortunés, délaissés impitoyablement? s'il ne connaîtrait pas un homme qui se serait servi d'un crédit fictif pour se faire confier de fortes sommes par des capitalistes français trop obligeans, et dont le seul gage n'est depuis plus de trois ans, que la saisie corporelle de leur débiteur étranger, d'abord Hollandais, maintenant Belge, et peut-être tout prêt à appartenir, selon l'occurrence, à toutes les nations de l'Europe? s'il ne connaîtrait pas un homme qui, au moyen de ces emprunts, a établi dans l'enceinte étroite et obscure d'une prison, une place de commerce d'un nouveau genre, et dont

---

(1) Le droit sens indique qu'un étranger qui traîne aux pieds des tribunaux un homme d'un caractère connu, et dont le nom est classé ineffaçablement dans la série historique des actes de la fidélité éprouvée par tous les genres de malheurs, devrait s'empresser d'entretenir les magistrats de ce qu'il fut, de ce qu'il est, et de dérouler le tableau de tous les antécédens qui peuvent plus ou moins faire juger favorablement de lui....... Le silence opiniâtre du Brabançon Mulder m'oblige à y suppléer.

l'exploitation est d'autant plus fructueuse, que les besoins y renaissent de minute en minute, et que le débiteur n'a pas plus de vingt toises carrées pour se soustraire à la rapacité du prêteur? Si le sieur Mulder ne répond pas à ces questions pressantes, je le renverrai aux déclarations que feront plusieurs négocians et respectables; et je terminerai, sous ce rapport, par dire au sieur Mulder. Descendez dans votre conscience et appelez vos souvenirs; je le renverrai encore au procès-verbal du Commissaire de police, qui a constaté irréfragablement tout ce que j'ai avancé dans la plainte dont la Cour va juger le mérite; de ce Commissaire, (bien différent de son confrère si complaisant pour mes ennemis,) dont la sagesse sévère et éclairée par l'examen des faits, a jugé nécessaire d'éloigner de la section de la dette, ce vampire, ce perturbateur. Décision éminemment prudente, et tellement réclamée par la nature des choses, qu'elle a été implicitement confirmée dans la lettre écrite à M. le Procureur du Roi par M. le Préfet de police, en lui transmettant mes deux plaintes.

Cette lettre, qui fait partie du dossier, est conçue en des termes et rappelle des dates qu'il est trop important de mettre sous les yeux du lecteur, pour que je n'en transcrive pas ici quelques paragraphes.

« Monsieur le Procureur du Roi,

« J'ai l'honneur de vous transmettre ci-inclus,
« pour être procédé conformément à la loi :
« 1°. Une plainte en abus de confiance, rédigée,

« signée et affirmée par M. le baron d'Imbert, dé-
« tenu pour dettes à Ste.-Pélagie, et dirigée contre
« le sieur Joseph-Jean-Charles Mulder, autre débi-
« teur détenu dans la même maison;

« 2°. Un procès-verbal dressé le 21 courant dans « cette prison, par le Commissaire de police du quar- « tier du Jardin du Roi, pour constater une autre « plainte formée par le même contre ledit Mulder, « qu'il accuse d'avoir exercé des voies de fait envers « lui. Cet acte est suivi de l'interrogatoire subi par « l'inculpé;

« 3°. Un second procès-verbal rédigé le 22 par le « même Commissaire de police, constatant la saisie « faite à Sainte-Pélagie, de divers papiers qui y sont « décrits et annexés (1) avec scellés, lesquels pro- « viennent du sieur Mulder, inculpé du délit de « prêt à *usure et sur nantissemens*.

« Je vous prie, Monsieur le Procureur du Roi, » de vouloir bien m'accuser la réception de cet en- « voi; et j'ai l'honneur de vous faire remarquer qu'il « est de la plus grande importance de hâter l'instruc- « tion de l'affaire dont il s'agit, attendu que le sieur « Mulder a été enfermé dans un local particulier, « d'où il a été reconnu indispensable de l'empêcher « de sortir ».

---

(1) Parmi ces papiers et autres objets saisis chez le sieur Mulder, se trouvent deux billets de change, sur lesquels il ne m'a jamais remis que de faibles à-comptes; et plusieurs effets, dont l'un est d'une valeur capitale, et sur l'ensemble desquels il ne m'a prêté qu'une somme plus qu'insignifiante. Le tout est déposé au greffe du tribunal.

Cette lettre n'a pas besoin de commentaires ; mais s'il lui en fallait un, je dirais : attaqué par le sieur Mulder dans mes propriétés, j'avais dû le traduire à l'autorité publique ; attaqué par le même homme dans ma personne, l'intérêt de la société, le mien propre, me faisaient un devoir de dénoncer cet attentat à la vigilance des magistrats. J'ai donc porté ma plainte, et j'ai investi les tribunaux de la double accusation contre Mulder, d'avoir attenté à ma propriété par l'usure, par un monstrueux abus de confiance, et à ma sûreté par un guet-à-pens prémédité.

Que n'a-t-on pas fait pour arracher le coupable Mulder des mains de la justice ? que de déclamations, que de mensonges n'a-t-on pas entassés, accumulés, pour sauver l'usurier, le perturbateur, et écraser la victime ?

Si l'envie et l'intrigue avaient quelquefois montré jusqu'où le besoin de nuire et de diffamer peut porter les hommes, du moins les annales des tribunaux n'avaient point encore offert à nos yeux un étranger, un homme sans aveu, un prêteur sur gages, se rendre complice de passions haineuses, de machinations étrangères, provoquer des dépositions qu'il inspire, qu'il dicte, tranchons le mot; et dans quel but? Nous allons le voir tout-à-l'heure.

Toute accusation pour être accueillie, doit être placée dans le rang des choses possibles. Si une invraisemblance palpable, une impossibilité physique, toutes les inductions morales, toutes les combinaisons humaines, l'âge, le caractère de l'accusé, le lieu du prétendu délit, éloignent toute idée de l'existence du fait, les magistrats, dédaignant de s'occuper d'une plainte que repoussent les premières notions de la raison, la rejettent au nombre de ces fables qui peuvent bien un instant alimenter la malignité, mais qui ne sont pas dignes d'être accueillies dans le temple de Thémis.

La plainte *récriminatoire* du sieur Mulder est de cette nature; et le tribunal aurait sans doute fait justice en refusant d'y avoir égard, si, selon la coutume, cette affaire plus qu'extraordinaire eût suivi la marche commune, et passé à la chambre du Conseil; enfin, si par un caprice difficile à expliquer, ma plainte contre le sieur Mulder, en guet-à-pens prémédité, n'avait pas été *disjointe* de celle pour usure et abus de confiance qui l'avait précédée, et qui en est la conséquence naturelle.

Mais heureusement les magistrats veillent, et sont armés pour couvrir l'innocence de leur égide; et déjà de nombreux exemples et plusieurs arrêts (1) rendus

(1) ARRÊTS qui répondent mieux que tout ce que je pourrais dire, aux tristes et misérables sarcasmes d'un certain avocat si novice dans l'art des Gerbier, des Elie de Beaumont, et qui a cru me livrer au ridicule, en me comparant à ces plaideurs opiniâtres, dont les plaintes, les débats frappent constamment les voûtes du palais, devenu en quelque sorte leur habitation. Niaise et méséante plaisanterie, qui semblerait prouver malheureusement contre cet orateur, qu'il ne comprend pas bien toute l'étendue de l'obligation imposée à nous tous, puisqu'il ose faire l'objet de ses railleries, des magnanimes efforts de l'homme qui, jour et nuit, sans trêve, sans s'occuper du nombre ni du caractère des assaillans, ne veut s'arrêter que lorsqu'il aura obtenu l'assurance de conserver le bien le plus précieux, sans macule, et tout brillant de l'éclat d'une carrière remplie selon les inspirations du cœur, les règles du devoir et la fidélité

en ma faveur par la Cour, viennent récemment de nous faire connaître, qu'aucun système d'oppression n'a rien à espérer devant eux ; et que si nous sommes loin des bâillonneurs de Lally et des juges de Favras, nous sommes aussi bien loin encore de ces coupables dépositaires du glaive de Thémis, qui, dans nos derniers jours de deuil, servirent trop bien la fureur des partis, les intrigues des ambitieux, et les lâches calculs de la police de Robespierre et de Napoléon.

Cette *disjonction* doit paraître si extraordinaire à tous les esprits, elle tient tellement au droit public, car nous tous avons besoin de justice, car nous tous sentons trop le danger de l'arbitraire, qu'un récit des faits devient forcé. Mais avant tout, je dois de nouveau faire remarquer au lecteur, combien il était équitable, combien il était utile, que mes deux plaintes fussent à la fois soumises à une seule instruction, et par suite, à un seul et même jugement. Puisque par la lettre de M. le Préfet, tout se ramifiait, tout s'engendrait l'un de l'autre, et le guet-à-pens prémédité, qu'il a plu, je ne sais trop pourquoi, de qualifier de *rixe*, et qu'on a *disjoint* de la plainte principale, n'est, dans tous les cas, que le fruit de l'animosité produite par mes premières et justes divulgations, de l'abus de confiance et des manœuvres usuraires dont le sieur Mulder s'est rendu coupable.

Les sicaires, les complaisans de cette main qui se cache dans l'ombre ; de cette main qui n'a cessé de diriger les coups multipliés qui ont frappé sur moi;

de distribuer cette suite de persécutions qui semblent me départir l'insigne honneur d'être une des victimes sacrifiées avec le plus de constance, et avec tout le raffinement d'une infernale volupté; ces sicaires, ces complaisans, entendaient parfaitement leurs intérêts. Mulder avait plus que les siens en vue; on voulait me susciter de nouveaux débats judiciaires; on voulait plus : on s'efforçait de me susciter des ennemis jusques dans ma prison (1), faire pénétrer les assassins jusques au fond de mon cachot, et me priver de la vie, au moment même où l'on savait que j'allais recouvrer ma liberté.

S'il fallait une preuve de ce que j'avance; s'il fallait une preuve de l'existence d'une ligue permanente, d'une ligue toujours agissante au moment opportun, on la trouverait dans la pétition signée par certains personnages de Sainte-Pélagie, avec lesquels je n'avais jamais eu aucune espèce de rapport quelconque, et adressée à M. le Préfet de Police.

Cette pétition, qui, au reste, manque de ce caractère dont toute pièce de cette nature doit être revêtue, et dans laquelle une réunion illicite d'hommes pervers ou irréfléchis osait demander l'éloignement d'un prisonnier pour dettes, de la maison qui leur est affectée, n'avait d'autre but que de paralyser, d'arrêter les justes poursuites qu'on m'a forcé tant de fois de livrer à la malveillance, à la haine et à la cupidité.

Qu'on me permette de transcrire ici la lettre que

---

(1) Voyez première restauration du trône. Toulon, 24 août 1793.

j'adressai au sujet de cette pétition à M. le Préfet de Police, le 17 du mois de septembre dernier. Elle jettera le plus grand jour sur la suite de rassemblemens, de provocations et de scènes épouvantables qui n'ont pas discontinué depuis l'instant du premier guet-à-pens; scènes dont les détails ont été travestis au gré de toutes les passions, et sur lesquelles les acteurs et les témoins (1) sont si peu d'accord.

« MONSIEUR LE PRÉFET,

» Permettez-moi de solliciter de votre justice, de » vouloir bien ordonner que la pétition qui vous a » été adressée de la prison de Sainte-Pélagie, par » plusieurs des détenus pour dettes, au mois de » juillet dernier, soit transmise au parquet du tri- » bunal de première instance, afin qu'elle puisse être » jointe au dossier de la plainte par moi portée contre » le sieur Mulder, en guet-à-pens, et en voies de » fait les plus graves, comme encore en abus de » confiance, dol et contravention aux lois.

» Cette pétition, dont les termes et les motifs » ont indigné toutes les personnes honnêtes et les » plus distinguées qui se trouvaient sous le triste

---

(1) Mulder a déclaré dans sa plainte *récriminatoire*; il a répété au tribunal, que j'avais voulu le frapper d'une clef, mais qu'il avait paré le coup. Le témoin E. C. de Pradel a déposé: que j'avais frappé Mulder sur la tête, avec une clef que je tenais à la main; que d'abord il avait cru voir jaillir le sang; mais qu'en y regardant de plus près, il avait *reconnu* que le coup n'avait produit qu'une forte *escoriation*. On peut juger par cette déposition, le caractère du témoin.

» toît de ce lieu de douleur, est le fruit d'une réu-
» nion formée par des gens animés de l'esprit de
» parti, et de la haine la plus violente contre tout
» ce qui a servi la légitimité; cette pétition, dis-je,
» avait pour but de satisfaire cet odieux ressenti-
» ment, en aggravant par une mesure aussi arbitraire
» qu'insultante, la position malheureuse que je par-
» tageais avec les autres prisonniers, elle tendait
» de plus à distraire mes regards de l'homme avec
» lequel je venais d'engager un débat judiciaire, et
» sur lequel j'avais tant besoin de recueillir des ren-
» seignemens; enfin, à retarder par un déplacement
» forcé le moment de ma liberté.

« Il n'échappera certainement point à votre sagesse et
» à vos lumières administratives, Monsieur le Préfet,
» combien il est utile de signaler ces ligues, que l'o-
» pinion plus active et plus dévorante encore sous les
» verroux qu'elle ne l'est au grand jour, crée et di-
» rige contre les hommes fidèles et dévoués, et com-
» bien il importe de faire cesser des démonstrations
» scandaleuses d'une inimitié sans bornes contre l'or-
» dre et l'autorité actuelles, et d'étouffer des germes
» de division qui se développent toujours par les me-
» naces contre les bons serviteurs du Roi, et par des
» complots ténébreux capables de mettre même leur
» existence en danger.

« Il n'échappera pas non plus à votre sagacité,
» combien il est important pour moi de faire con-
» naître aux magistrats, les signataires de cette péti-
» tion, qui, en apposant ainsi leurs noms à cet acte

» d'hostilités, se sont déclarés ouvertement mes en-
» nemis, et conséquemment se sont mis dans l'im-
« puissance de servir de témoins dans mon affaire, ou
» du moins d'inspirer aucune confiance à la justice.

« L'action que je défère au tribunal n'est pas d'une
» légère nature.

« Elle présente le spectacle d'un ancien militaire,
» qui, dans l'obscur réduit où les suites du zèle et
» du dévouement l'ont placé, n'a pas eu à lutter seu-
» lement contre les coups de l'adversité, mais s'est
» encore trouvé forcé de se défendre contre eux d'une
» rage peu commune, alimentée par toutes les pas-
» sions, et se manifestant à chaque heure, par des
» provocations périodiques.

« En effet : qu'on se peigne la position, les souf-
» frances, d'un homme de mon état et de mon ca-
» ractère, qui entend tous les soirs répéter à sa porte
» une plate diatribe, un chant où l'on ose par d'in-
» sultantes allusions, lui reprocher comme un crime,
» une action qu'il regarde comme une des plus belles
» de sa vie; une action qui lui était commandée par
» l'honneur, et qui a reçu l'auguste approbation de
» son prince; et qu'on le voit ensuite forcé d'en-
» tendre la bande des vociférateurs terminer ces ba-
» chanales par l'horrible Marseillaise, dans des réu-
» nions qui, partout illicites, méritent plus encore
» répression dans une maison où les rigueurs, qui,
» d'ordinaire ne sont point épargnées, seraient en
» ce cas mieux à leur place que dans toute autre oc-
» casion.

« Après cet exposé, vous daignerez vous pénétrer,
» Monsieur le Préfet, je vous le répète, de toute l'im-
» portance de l'affaire, et vous n'hésiterez à penser
» combien le bon ordre et la justice réclament de la
» part des tribunaux, une sévérité faite pour mettre
» un terme à des excès difficiles à qualifier, en proté-
» geant des infortunés, qui, privés de tous les biens,
» doivent au moins avoir droit au repos. »

M. le Préfet s'empressa de faire droit à ma demande. Ce magistrat fit plus : il transmit la pétition en original, au parquet de M. le procureur du Roi, qui ordonna qu'elle fût jointe au dossier. Comment donc, après la communication officielle d'un acte de cette nature, d'un acte rédigé au moment même de l'assassinat commis sur ma personne, d'un acte combiné avec un accord perfide, et qui ne peut être que l'œuvre d'une ligue coupable, a-t-on pu, je le dis encore, *disjoindre* mes deux plaintes, et ne pas sentir tout ce qui existe de connexité entre ma plainte en usure, abus de confiance, et ma plainte en guet-à-pens prémédité. La raison et la vérité font aisément saisir le fil qui lie les deux actions, et qui véritablement les rend inséparables.

Mais plus et plus encore. Comment les principaux témoins que j'avais diligentés et fait assigner à mes frais, n'ont-ils pas été entendus, et combien je dois regretter que la justice n'ait pas pu puiser des lumières essentielles dans leur *confrontation* avec les nombreux et infidèles témoins de mes adversaires ?

Car on doit remarquer que depuis longtemps je

ne parle plus au sieur Mulder, et le lecteur voit bien que mon Colloque obligé avec lui n'a été qu'un soliloque très-court. Des hommes de cette espèce ne répondent jamais à certaines propositions, et le lecteur voit bien encore pourquoi à ce Colloque, j'ai été forcé de joindre du *récit* et toujours du *récit*. Maintenant je vais donc narrer par rapport aux témoins.

Certes, on n'aura pas vu sans peine le concierge de Sainte-Pélagie changer trois fois sa déposition, et trois fois forcé de se rétracter sur mes interpellations réitérées. Ici, qu'on me permette de fixer religieusement l'attention du lecteur sur un point vraiment décisif. Ce concierge est convenu : 1°. que j'avais fait appeler le sieur Mulder en sa présence ; 2°. que c'était le lendemain *même*, ainsi qu'il conste par le procès-verbal du Commissaire de police, transmis officiellement à M. le Procureur du Roi, que ma plainte avait été rendue ; 3°. que mes effets avaient été retrouvés et saisis chez Mulder par M. le Commissaire de police ; et cependant ce concierge avait complaisamment déclaré qu'une rixe violente s'était élevée dans son greffe entre le sieur Mulder et moi.

Quoi! le concierge de Sainte-Pélagie est témoin d'une rixe qui s'établit dans son appartement même, et à quel sujet? relativement à une plainte en transaction usuraire, en trafic honteux et spoliateur du chétif avoir d'un prisonnier, et le silence le plus absolu de sa part oblige d'appeler l'autorité médiatrice, quand il eût été facile, et en faisant seulement usage de l'influence locale, de terminer tout, et d'éviter le scandale dont retentissent aujourd'hui les voûtes du palais.

Ainsi donc, j'avais raison de dire, comme je l'ai développé dans un mémoire que je transmis dans le temps à la haute administration, que l'incapacité et toutes les irrégularités qu'elle entraîne ordinairement, régissaient une des plus importantes prisons de la capitale.

Et pour ne donner ici qu'une mesure entre mille autres, je demanderai comment il est possible que ce préposé ait pu souffrir depuis le guet-à-pens, comploté par Mulder contre moi, que de furieux rassemblemens se soient formés tous les soirs dans le préau destiné à procurer quelques distractions aux malheureux prisonniers et à leur laisser respirer un peu de cet air moins méphitique, dont on ne voudrait leur concéder quelques portions qu'à prix d'or; enfin, comment est-il possible qu'après l'assassinat commis sur ma personne, et lorsque le greffier et le Commissaire même avaient ordonné l'arrestation et la mise au cachot du sieur Mulder, mesure de rigueur indispensable, le concierge ait pris sur lui de cesser de maintenir cette mesure, en ramenant librement la personne du sieur Mulder sur le lieu de la scène, où tout ce qui garantit la sûreté d'un prisonnier avait été outragé, et au moment où, par la saisie faite chez le sieur Mulder, il n'existait plus de doute sur son commerce illicite dans l'intérieur.

Examinons maintenant la valeur de la plainte du

Brabançon Mulder, et des dépositions de certains témoins signataires de la pétition à M. le Préfet.

Mais un préliminaire est encore indispensable ici.

Grâce à la longue et continuelle lutte que les tourmens de politique, les hasards de la guerre, les combinaisons du machiavélisme, la haine et l'intérêt d'ennemis patens ou secrets, m'ont forcé de soutenir si long-temps, mes antécédens sont connus, et je m'en fais gloire. Ils sont classés, je le répète, ineffaçablement dans la série historique des actes de la *fidélité éprouvée par tous les genres de malheurs.*

Aussi aura-t-on été peu touché de l'assistance éphémère de quelques témoignages préparés à l'avance, et qui ne sont que l'œuvre d'une ligue heusement dévoilée.

J'opposerai à des impostures nées de l'inimitié, de la faiblesse et sur-tout de l'ingratitude, les déclarations de personnes qu'on est tout étonné de trouver sur les registres de la dette à Sainte-Pélagie, mais qui, de même que moi, ne doivent la privation de leur liberté qu'à des malheurs immérités.

J'ai dit l'ingratitude, car dans les voix qui sont venues mentir à la barre du tribunal, il est plus d'un personnage qui me force à me souvenir qu'ils ont sollicité mes bienfaits; et comment les ont-ils reçus? à l'un, j'ai fait parvenir des secours en employant une main tierce, fait qui sera constaté au besoin, car je n'ai voulu prendre avec lui aucune espèce de rapports; et ce sentiment des premières convenances n'échappera point au lecteur. A l'autre, dont les lettres de détresse se multipliaient à chaque instant, dont l'obsession pour obtenir de moi des sollicitations et de l'appui près de l'Aumônier de madame la duchesse de M..., afin que les intendans de cette dame cessassent de le poursuivre juridiquement; à l'autre, dis-je, j'ai fait plus que je ne devais, sauf des recommandations que je me trouvai forcé de lui refuser; et voilà l'homme qui a eu l'impudeur de dire au tribunal, *qu'il a tenté de faire une quête pour faciliter mon élargissement.*

Qu'on ne pense pas qu'une sotte vanité me porte ici à une ridicule et puérile dénégation. Dans le siècle où nous vivons, la liste des hommes dont les services ont été utiles à la patrie, et qui n'en ont pas moins été contraints d'accepter le tribut de la reconnaissance des particuliers, est nombreuse, je ne le sais que trop; et il est tels noms noblement malheureux et indigens, auxquels je me ferais gloire de m'associer; mais je dois repousser avec indignation l'idée que ce prisonnier ait voulu jamais devenir mon bienfaiteur. Nous aurions changé de rôle trop subitement; ce qu'il est venu déposer au tribunal, n'est que le résultat d'un conciliabule, et le raffinement de la duplicité

La répétition bizarre qu'en a faite le troisième témoin, n'est que le fruit des instructions qui lui ont été données dans ce conciliabule, et ne vaut pas la peine d'être discutée; sa manière vacillante et infidèle lui ôte toute créance; le disparate de ses déclarations, celles des autres témoins qui ont fait tous leurs efforts pour métamorphoser en clef de géole, une petite clef d'appartement, que lui-même appelait d'abord une clef de bureau, ne laissent plus de doute sur l'influence qu'il a reçue de mon adversaire et de ses amis.

Je traiterais avec le même mépris, le témoignage odieux du troisième témoin, si en rappelant quelques scènes intérieures, il n'avait voulu donner à mon caractère une teinte d'irascibilité et de violence qui ne me dominèrent jamais, mais auxquelles je puis me livrer, je l'avoue, comme tout homme de bien, quand on blasphême ou qu'on attaque devant moi tout ce qu'il y a de sacré parmi les hommes ; je pourrais, dis-je, me tenir à son égard dans un silence commandé par l'absurdité et l'incohérence de cette suite de diatribes, qu'il qualifie de dépositions, s'il n'avait point malignement rattaché à cette cause, d'anciennes discussions d'opinions politiques, dont par une délicatesse que le lecteur appréciera sûrement, je m'étais interdit de faire aucune mention dans la situation présente.

Mais telle est cette justice suprême qui se déclare et se distribue dans chaque chose, que souvent l'arme du traître et du méchant tourne contre lui-même. En m'imposant la loi de ne point mêler à la discussion de ce dégoûtant procès, des souvenirs pénibles et cruels, mais qui font en même temps ma consolation et mon honneur, et en cela je ménageais mes adversaires. Mais puisque ce témoin a osé me reprocher avec impudeur quelques justes emportemens nés de l'indignation, il faut donc que je m'explique à ce sujet, et cette obligation ne sera point en faveur de son système.

Oui, le troisième jour de mon emprisonnement, je fis fuir à coups de pantouffles sur la figure, l'insolent qui vint braver ma position fâcheuse, insulter à mes services, et prédire hautement le second retour de Buonaparte. Oui, lorsque au mois de juin 1820, la fureur de l'insurrection qui agitait toute la capitale, pénétrait à travers les épaisses murailles de Sainte-Pélagie, et qu'une joie furibo de annonçait aux fidèles serviteurs du Roi, le sort qui les menaçait, j'ai repoussé une attaque personnelle. Mais je me plais à le dire : si l'imprudent compagnon du malheur, que l'esprit de parti avait poussé à la provocation, s'en est trouvé la victime, la droiture de son cœur, et le calme d'esprit qui a succédé à ce moment d'effervescence, l'ont porté noblement à montrer à des tiers, les regrets qu'il en éprouvait.

Oui, dans toutes les occasions où l'espoir des ennemis de l'ordre légitime, si souvent ranimé, s'est manifesté au milieu de Sainte-Pélagie, je me suis trouvé le point de mire de toutes les allusions, de toutes les attaques. Mais aussi, je n'ai jamais souffert qu'elles prissent une seule minute les formes de l'insulte, et aussitôt j'ai marché droit à l'aggresseur. Et qu'ai-je fait que tous les gens de cœur, de mon opinion, de mon parti, puisqu'il faut le dire, n'auraient pas fait et feraient encore? Et voilà pourtant ce que mon adversaire et sa faction appellent de l'irascibilité et de la violence.

Témérairement qualifieraient-ils aussi de la sorte, la poursuite que j'ai faite devant les magistrats, lors des événemens du mois d'août 1820; de ce mois, où quelques militaires égarés tentèrent de renverser ce trône qu'ils étaient appelés à défendre; de l'insulte que je reçus d'un ancien partisan de la bande noire, d'un homme sans état et prisonnier pour dettes, du sieur Coulon, dont les tribunaux ont puni l'audace, et qui, sans doute, aurait encouru une peine plus sévère, s'il n'eût pas rejetté toute l'imposture de ses calomnieuses imputations, sur des instigations étrangères, et s'il n'eût pas versé tout le poids de la responsabilité sur une feuille quotidienne, en niant une lettre signée de son nom, et insérée par des rédacteurs plus qu'imprudens, que j'ai traduits en justice par une instance (1) sur laquelle la Cour royale aura bientôt à prononcer.

Appelleront-ils *irascibilité*, quand j'ai châtié un misérable qui, pour m'enlever le seul bien qui me reste, mon état et mes services, soutenait que je n'étais point à Toulon à ce jour de royale mémoire, où je fis arborer le drapeau blanc dans le premier port du Midi de la France, et proclamer Louis XVII à la tête de la flotte française, et à bord de *l'Appollon* que je commandais.

Et cet homme, quel est-il? Un sujet qui fut rebelle à son prince, et qui n'a pu nier que je l'eusse à cette époque même chassé de mon bord. Souvenir

---

(1) Voyez première restauration du trône. Toulon, 24 août 1793.

terrible, qui a excité sa rage, et l'a porté jusqu'à vouloir arracher de mes mains, des papiers qui le confondaient à la vue de toute Sainte-Pélagie.

Le fait est victorieux, et le témoin dont il est question, en le rapportant dans une intention qui certes était loin d'être bienveillante, n'a pas senti toute la force de cette confession ; et comme je ne fus jamais ingrat, je le remercie d'avoir si bien servi la vérité. Je le remercierais davantage, s'il avait ajouté que dès le lendemain de cette scène déplorable, tout en me refusant aux sollicitations du Commissaire de police, de rendre plainte, je m'étais contenté de signaler cet excès, et en même temps le propos révolutionnaire tenu à cette occasion par l'individu qui se déclara le champion de l'audacieux matelot ; et je dirai plus, l'instigateur de la plus monstrueuse et de la plus lâche cabale ; que les tribunaux sauront punir selon la gravité locale. Première leçon pour cet individu, à qui quelque éducation aurait dû apprendre à être plus discret, et qu'on n'insulta jamais impunément un officier français.

Et quel est le caractère moral du témoin qui m'a forcé d'entrer dans ces scandaleux détails ? C'est l'homme qui avait sollicité mon intervention près d'un vice-amiral de France ; c'est l'homme qui a vu démentir tout ce qu'il avait avancé, et repousser toutes ses prétentions.

C'est l'homme qui, profitant de l'ascendant de ses facultés physiques contre un jeune prisonnier, s'est porté à tous les excès ; et qui, non content de ce triomphe de la force sur la faiblesse, s'est accolé pour complice, dans l'exécution du plus affreux guet-à-pens, le seul des témoins que j'aie *nominativement* récusés; l'homme toujours prêt à tendre les mains *gratuitement* à tous les partis, le chantre ridicule des exploits du héros des Abruzzes, et de ses honteuses phalanges! Enthousiasme au surplus qui ne doit étonner personne. Le poëte est assurément digne du héros, et je prédis que les noms de l'historien et du général joints ensemble, arriveront du même pas et sous les mêmes lauriers, à la postérité.

Et quel était ce guet-à-pens? C'était de forcer un homme maltraité et presque mourant, à se battre contre un assaillant effréné, dans le silence de la nuit, et dans le fond du réduit obscur où le sommeil allait suspendre pour quelques instans ses horribles souffrances. Belle expédition, prise sans doute dans la contemplation des actes de vaillance du héros napolitain.

Peut-être quelqu'un serait-il disposé à me dire, que tous ces détails ne sont pas ma cause. C'est qu'il ne se ressouviendrait pas que je ne fais que répondre à des accusations dont on a occupé les différentes audiences. Mais tout est encore présent au lecteur, et c'est à sa mémoire comme à sa justice que j'en appelle.

Ce troisième témoin n'a-t-il pas encore osé me reprocher d'avoir arrêté un pareil complot? N'a-t-il pas osé dire que le concierge avait blâmé l'empressement que avais mis à prévenir ce crim ? J'aime encore à croire que ce concierge s'irriterait d'une assertion qui devient en quelque sorte une accusation de négligence, un oubli de ses plus saints devoirs, et plus grave que toutes les accusations qui ont pesé sur lui-même, telle par exemple que celle d'avoir souffert que pendant tout l'hiver de 1821, une banque de jeux de hasard fût établie dans la chambre du chanteur (1), avec des fonds usurairement fournis par le sieur Mulder; j'ai arrêté cette affaire; j'en ai arrêté cent autres : c'est l'obligation d'un homme de mon caractère.

Voudrait-on y opposer quelques doutes? Qu'on daigne jeter les yeux sur la pièce que j'ai déposée entre les mains de M. le Président Régnier, et que ce magistrat a nécessairement jointe au dossier. On y verra : qu'à l'instant où j'ai quitté Sainte-Pélagie, il n'y avait pas deux mois encore, que je pacifiais autant qu'il dépendait de moi et à mes propres dépens, des déportemens que la justice punit toujours sévérement, et qui devraient être prévenus dans une enceinte aussi étroite, que la prison pour dettes de Sainte-Pélagie.

C'est sur cette dernière époque de mon séjour dans ce lieu de douleur, dont la fin a donné lieu au procès qui occupe aujourd'hui la Cour, que je dois jeter encore ici quelques lumières, et répéter qu'à Sainte-Pélagie comme sur mon bord, qu'en prison comme dans le conseil, je n'ai jamais démenti mon caractère, que l'honneur a toujours été mon guide, que

(1) Le sieur Pradel.

la sainte humanité ne m'a jamais trouvé sourd à sa voix.

J'ai dit, et il ne me sera pas difficile d'en donner la preuve, qu'occupé tout entier à mettre quelqu'ordre dans mes affaires, à régler mes états de service, à solliciter une retraite qui devenait ma seule fortune, après tant de travaux et tant de sacrifices, j'ai passé plus de deux années dans la plus profonde solitude. Je n'ai point, par un luxe effronté et une vie scandaleuse, offensé l'honnête infortune, ou blessé les convenances. Je n'ai pas non plus dégradé, compromis mon état, en me montrant sous les haillons de la misère ; je me suis imposé des privations, pour ne pas connaître les besoins, et j'ai vécu dans ma noble adversité, avec la fierté qui soutient le malheur, et la résignation qui le console.

Tel a toujours été mon caractère ; et si mes détracteurs tentaient de le dégrader, s'ils me reprochaient d'avoir, comme cela n'est pas bien rare, des défauts qui peuvent balancer quelques qualités ; s'ils m'accusaient d'avoir parfois porté l'extrême franchise jusqu'à l'abandon ; la vivacité jusqu'à l'emportement, d'avoir porté la sensibilité jusqu'à la faiblesse, et l'enthousiasme à quelques erreurs, je leur répondrais, et la société entière serait de mon avis, que ces tâches légères sont inséparables des faiblesses humaines ; mais rien ne m'a jamais fait oublier mes devoirs.

Lorsque les plus justes des Grecs subissaient l'ostracisme, lorsque souvent le guerrier le plus utile à sa patrie trouvait l'exil pour prix de ses services, il faisait des vœux pour que l'État n'eût jamais besoin de son bras. Je ne peux, ni veux me comparer aux hommes illustres par les talens et la sagesse, mais je peux certainement m'assimiler aux plus fameux, par mon dévouement inviolable à ma patrie et à mon maître, et par mes malheurs ! Puisque victime comme eux de l'injustice, de la perversité et de la proscription, je ne m'en suis pas moins élevé à la hauteur de leur patriotisme, en pensant que, dans le cercle étroit de mon obscure prison, je me devais encore à mon Roi et à mes concitoyens ; et lorsqu'à l'époque de l'horrible événement de février 1820, dont on frémit de retracer l'attentat ; lorsqu'au milieu des tempêtes politiques du mois de juin de la même année, et des sombres atrocités de la conspiration d'août, voyant les opinions les plus hardies pervertir les âmes et dessécher les cœurs des malheureux qui partageaient mes fers, j'attaquai avec les armes de la conviction ceux qui se trompaient, en faisant éclater mon indignation contre ceux qui voulaient tromper les autres.

En entrant dans l'arêne avec les partisans d'une liberté sans frein, ou d'un despotisme sans bornes, je m'étais attendu à leurs persécutions.

Lorsque les idées de vertu et de devoir sont effacées du cœur des hommes ; lorsque le contrat qui les lie est brisé, on se flatterait en vain d'y suppléer par des raisonnemens. Toutes les lumières s'éteignent alors ; tous les sentimens s'altèrent, et c'est surtout entre les murs d'une prison, que les passions s'exaltent, et que les haines s'aigrissent davantage.

Aussi, je n'ai conservé aucun souvenir de ces rixes du moment, que l'occasion fait naître, et auxquelles la réflexion met un terme. J'ai combattu ceux qui ne pensent pas comme moi ; je les ai plaints, je ne les ai jamais haïs, et j'ai quelquefois estimé leur caractère. De pareils adversaires ne sont pas de ceux qui se rangeront parmi les calomniateurs, les parjures et les ingrats.

Au reste, au fond de leur âme, ils ont pu assez m'apprécier pour conserver l'estime dont je crois particulièrement m'être montré digne ; et qui d'entre eux oserait me démentir ? Je n'ai jamais rien demandé pour moi ; j'ai constamment sollicité pour les autres. Que l'on compulse les registres de Sainte-Pélagie ; ils parleront hautement des malheureux pères de famille auxquels j'ai fait rendre la liberté. Entre plusieurs de ces actes de service, si doux pour mon cœur, il en est un particulièrement qui m'a fait adresser par un des principaux membres de la Commission des prisons, une lettre où il me disait :

« Ce que vous avez fait pour le pauvre *invalide*, etc. » etc... » Je m'arrête ici, car les expressions de cette lettre sont trop obligeantes, pour que je les rapporte en entier.

Puisque j'ai l'occasion trop heureuse de parler de cette société des prisons qui fait tant de bien aux détenus pour dettes, je dirai avec cent autres voix, et en lui rendant un hommage au-dessous de ses sublimes vertus : que les membres de la Commission ne visitent jamais ce lieu de douleur, sans y répandre de douces consolations, sans y verser des dons, sans essuyer des larmes, sans rendre un père à ses enfans, un époux à une femme affligée; et j'ajouterai que tous ces hommes de bien, tous ces hommes sensibles, pour qui la fortune, la grandeur ou la puissance semblent n'être que le privilége de faire des heureux; qu'à leur tête, le bon, le vénérable aumônier; que l'infatigable jeune homme, *trésorier de cette société*, M. Déglageux, si justement nommé le sauveur des pauvres, à l'âge où l'on ne s'occupe ordinairement que des illusions mondaines; que tous ces hommes, dis-je, attesteront avec quelle ténacité, avec quel zèle, j'ai perpétuellement signalé les secours à donner, l'adversité qu'il fallait soulager, la chaîne que la compâtissante humanité devait briser.

Mais je ne me suis point borné à solliciter pour mes malheureux compagnons d'infortune, l'intérêt, la pitié des particuliers. J'ai ouvert ma bourse à tous les petits besoins; j'ai prévenu la demande qui expire sur les lèvres de l'honnête indigence, et le moment où j'ai pu être utile, n'a jamais été pour moi un jour sans bonheur. Je défie la malveillance et la haine de révoquer en doute tout ce que l'on me force d'avancer ici. Les murs même de Sainte-Pélagie, prendraient la parole, s'il était possible d'enchaîner la voix des âmes reconnaissantes, dont le souvenir seul me venge ainsi des ingrats.

J'ai fait plus encore : j'ai mis sous les yeux de l'autorité, j'ai porté leurs doléances aux pieds du trône. Le 17 mai 1821, le Maître des requêtes, Secrétaire du cabinet du Roi, m'écrivit :

» J'ai l'honneur de vous prévenir que la demande » par vous adressée au Roi, sous la date du 7 de ce » mois, relativement aux détenus pour dettes, est » renvoyée par ordre de Sa Majesté, à Sa Grandeur » le Garde-des-Sceaux, ministre de la justice. » Et le 17 juillet suivant, M. le Procureur du Roi m'informa : « Que Son Excellence avait reçu le Mémoire » que je lui avais adressé sur la contrainte par corps, » ainsi que l'ouvrage que j'avais fait imprimer à ce » sujet. »

Voilà la conduite de l'homme que les témoins précités ont eu l'impudeur de signaler comme un instigateur. Quel étrange bouleversement et des mots et des choses ! L'esprit d'animosité voudrait peindre le médiateur comme l'aggresseur. C'est bien le cas de rappeler ici ce que j'ai dit plus haut : *Combien il est à regretter que la justice n'ait pas fait puiser des lumières essentielles, et je dirai indispensables, dans la confrontation des témoins que j'avais diligentés, avec les nombreux et infidèles témoins de mes adversaires.*

Ce sont cependant ces fausses allégations, ce sont de pareils témoins, qui ont trompé la religion des juges du tribunal de première instance, suspendu la justice, paralysé l'effet de ma plainte, et qui me forcent aujourd'hui d'avoir recours à la voie d'appel, pour invoquer de la part des magistrats de la Cour royale, le nouvel examen d'une affaire, dont l'examen intéresse si particulièrement la société, sous le rapport de l'abus de confiance et de l'usure qu'on ne saurait trop punir ; enfin, de la sûreté individuelle qui ne saurait être trop protégée.

C'est devant cette Cour éminemment équitable, où toutes les lumières abondent, où la justice elle-même siége avec tous les membres qui la composent, que le tableau des calamités dont j'ai été victime, va se dérouler ; où les attentats commis contre moi, trouveront un juste châtiment ; enfin, où le faux témoin rougira de son iniquité et de ses parjures.

Car enfin, qu'a opposé le sieur Mulder, au témoignage du colonel Swan ; de ce vétéran du malheur, qui semble avoir renoncé à la liberté, parce qu'il est père, et parce que toutes considérations cessent à ses yeux devant ce titre ? Qu'a-t-il opposé à la déclaration du jurisconsulte Sombret, et à celle des autres témoins, dont la justice aurait tiré bien plus de renseignemens, si d'alarmantes menaces, dont j'ai mis la preuve sous les yeux des magistrats, n'eussent point influé sur leur langage, et s'ils n'eussent pas craint de se livrer à toute l'indignation, je dirai presque à l'horreur inspirée par le souvenir des traitemens sans exemple dont on a voulu me rendre victime.

Certes, tant de réticence et d'oscillation devant des juges, porte le cachet de la despection et presque du scandale. Mais à qui l'attribuer ? A l'assistance, et je ne saurais trop le répéter, à l'assistance éphémère de quelques témoignages préparés à l'avance, combinés par un acccord perfide, et qui ne sont que l'œuvre d'une ligue heureusement dévoilée, et par suite impuissante devant la sagesse des magistrats.

Privé de la ressource de mensonges débités à la barre, ne pouvant plus l'appuyer sur de semblables déclarations, sans doute le Brabançon Mulder compte sur un auxiliaire d'une autre espèce : peut-être croit-il que les phrases d'un journal qui ne trouve de lecteurs que lorsqu'on veut savoir comment chaque jour peuvent s'allier à la fois le mauvais ton, l'ignorance, l'erreur et la calomnie (et je n'ai pas besoin de le nommer, car tout le monde a déjà sur les lèvres le nom du *Courrier français.*) Peut-être, dis-je, le sieur Mulder croit-il sa cause gagnée, parce qu'il a plu à ce journaliste de doubler à mon égard la dose d'imposture qu'il met dans chacun de ses articles.

Mais le sieur Mulder se trompe : les magistrats sauront donner à chaque témoin, à chaque fait relaté, la confiance qu'ils méritent.

Son auxiliaire le Courrier français se trompe aussi, lorsque dans sa feuille du 21 avril dernier, il pose en fait que celui qu'il désigne contre toutes convenances reçues, par une formule inusitée, et c'est moi-même, n'a voulu que manifester le désir de faire parler de lui (1), alors qu'il a demandé réparation d'une assertion calomnieuse, relative à l'affaire d'un sieur

(1) Non, ce n'est pas un vain désir d'occuper de moi le public, qui me porte à reprendre la plume. J'ai tout perdu *fors l'honneur*; je dois défendre le seul bien qui me reste, et qui m'est plus cher que la vie. Ma famille entière s'est éteinte en servant la cause du prince et de l'autel ; deux neveux me restent : je n'ai que l'honneur, l'exemple de mon dévouement, de ma fidélité à mes princes légitimes à leur léguer ; je ne veux pas que les méchans, les calomniateurs leur enlèvent cet héritage qu'il n'est point à craindre de voir dégénérer dans leurs mains.

Coulon, dont les lois, comme on le sait, ont déjà réprimé l'audace et le mensonge. L'attitude respective du Courrier folliculaire et de ce baron (pour me servir de son style), démontre assez que c'est bien du journaliste et non de lui-même, dont ce dernier entend occuper la justice, qui ne manquera pas d'apprendre à l'écrivain libelliste, qu'on ne se joue pas impunément de la réputation des hommes. Et que le Brabançon Mulder sache bien, que moi aussi j'ai mes auxiliaires : c'est la vérité de ma plainte, et à côté d'elle, les témoignages de personnes irrécusables

Mais revenons au grand but, au but principal de ce Mémoire. Il est de notoriété publique, que depuis près de seize années, je suis, comme je l'ai démontré plus haut, devenu tout-à-coup l'objet d'une suite de guet-à-pens, d'assassinats prémédités, déjà officiellement constatés, et dont le motif n'est plus un secret. Je remarquerai seulement, que si quelquefois l'acharnement de mes ennemis a paru se ralentir, ce fut toujours pour se manifester ensuite avec plus de violence ; et c'est la situation actuelle.

Qu'on ne s'étonne pas de ces inductions que je tire de la conduite du Brabançon Mulder : le *trafiqueur* qui vit dans l'opulence et prête à usure sur gages au fond d'une prison, est capable de servir tous les calculs ; et certes, le plus ingénieux que pouvaient faire mes secrets persécuteurs, c'était de trouver un homme qui vînt se jeter au milieu de mes affaires, afin de les embrouiller ; qui, sous le prétexte séduisant de m'être utile, de me procurer une importante négociation, paralysât l'emprunt majeur que j'allais contracter, et retardât au moins par cette coupable tactique, le dépôt que j'ai effectué à la caisse d'amortissement ; et enfin, les résultats de l'instance que je poursuis contre l'éditeur-responsable du Courrier soi-disant français et consorts.

Car enfin, de toutes les promesses du sieur Mulder, quel a été l'effet ? Une médiocre avance sur un nantissement, dont la vente d'un seul objet produirait un capital bien autrement important que le prêt insignifiant qu'il m'a remis en mains, tant sur lesdits gages que sur deux billets de commerce que je lui ai ai souscrits ou remis à l'encaissement. .

Je pourrais ajouter beaucoup d'autres considérations qui me déterminent à regarder Mulder comme un des principaux agens de la ligue qui s'est formée tout-à-coup contre moi à Sainte-Pélagie (1), et dans cette circonstance surtout, comme servant les combinaisons de cette ligue toujours agissante, qui ne doit son existence qu'à la haine du crédit dont j'ai joui long-temps, et à une position qui a blessé bien des amours-propres ; d'une ligue, je ne saurais trop le répéter de phrase en phrase, qui se compose des craintes et des efforts de plusieurs agens infidèles, lesquels n'ont d'autres ressources pour éviter de rendre

---

(1) Voyez la première restauration du trône. 24 août 1793.

un compte, que de me lier les mains et de me fermer la bouche, dès que je veux agir ou parler.

En effet, quel est l'état de la question. Au mois de mai dernier, le sieur Mulder m'a prêté sur GAGES une modique somme, y compris les intérêts qu'il retint d'avance. Un de ces GAGES, on l'a vu, est d'une valeur capitale. Au mois de juillet suivant, le sieur Mulder a refusé de me les représenter, lorsque j'ai voulu entrer en compte avec lui. D'abord il a prétexté qu'ils étaient vendus. Appelé devant le concierge de Sainte-Pélagie, il a déclaré les avoir encore, mais il s'est refusé opiniâtrement à les mettre en mains tierces, même entre celles de ce concierge, qui s'y prêtait complaisamment.

Alors je l'ai traduit devant M. le Commissaire de police, et de cette poursuite aussi pénible pour son amour-propre que pour son cupide intérêt, il est résulté des fureurs et des haines réveillées, excitées par ses manœuvres souterraines, et par ses prodigalités à des gens toujours prêts à servir les passions à quelque prix que ce soit.

C'est ainsi que le guet-à-pens fut concerté, arrêté, comme l'a déclaré, affirmé à la barre le respectable vétéran de la prison, et que je fus assassiné au milieu d'un groupe de cannibales, dont les vociférations ne rappelaient que trop cette époque funeste, où il suffisait d'un seul cri pour ôter la vie à tout homme de bien.

C'est ainsi que de jour en jour on n'a pas cessé de venir à la même heure et en masse, chanter à ma porte une chanson provocatrice; et que, dans le délire de la perversité, on a poussé l'insolence, jusqu'à parodier la séance où le tribunal, sur les conclusions de M. le Procureur du Roi, ordonna la première remise.

Les discussions judiciaires ne sont point l'élément d'un homme qui a passé sa vie dans la carrière des armes, et oubliant l'offense et l'iniquité, j'aurais sans doute enseveli dans le silence et le mépris, les doubles griefs sur lesquels j'ai fondé mon action contre le sieur Mulder, si une ridicule plainte récriminatoire ne m'avait point forcé à donner suite à mon action première.

La fraude, l'assassinat, tels sont les faits que j'ai déférés à la justice. Qu'y oppose-t-on ? rien qui soit prouvé ; rien même qui porte le caractère de la possibilité. Et sur quoi s'appuie donc la plainte *récriminatoire* ? Pourquoi cette plainte n'a-t-elle pas été lue dans les différentes audiences du tribunal ? Comment se fait-il, au contraire, que deux plaintes émanées et signées de moi se trouvent *disjointes*, tandis, et je le crierai sur les toits, qu'elles devaient subir à la fois un seul et même jugement, puisqu'elles se prêtaient une force mutuelle, et qu'il est évident que l'attentat commis sur ma personne n'a eu pour but que d'étouffer mes doléances présentées à la justice, en abus de confiance et contraventions aux lois.

Qu'on me permette donc de fixer ici toute l'attention du lecteur. D'après ce que j'avais entendu dans les différentes audiences du tribunal, le sieur Mulder m'a opposé cette argumentation : qu'étant comme moi partie plaignante, une parité de position existait conséquemment entre nous (1). C'est une erreur essentielle que je dois relever du premier abord. Cette parité, d'où le sieur Mulder semblerait-il vouloir l'induire? *De sa récrimination?* Eh bien, il se trompe matériellement. Les dates ici font tout. Celle donnée à l'acte récriminatoire émané du sieur Mulder est nécessairement falsifiée, ou du moins elle porte un faux quantième; car comment, M. le Préfet impassible et impartial, aurait-il gardé un étonnant silence sur cette plainte, le concierge, dans l'obligation de ses fonctions, ayant dû lui rendre compte de la légalisation qu'il en avait faite.

Une plainte récriminatoire! et à quelle époque?

---

(1) Le sieur Mulder prétendrait-il se présenter avec moi sur une même ligne, et oserait-il vouloir me qualifier comme lui, du titre de prisonnier pour dettes.

Ce serait étrangement abuser des mots, et surtout des apparences. On sait que je ne fus jamais légalement incarcéré pour dettes, *parce que je ne fus jamais emprisonné qu'à la requête de mon* DÉBITEUR.

Comme je l'ai dit, en 1816, j'ai traduit mon incarcérateur en police correctionnelle; et dans ce moment encore, j'attaque, après dépôt à la caisse d'amortissement, tous les actes des procédures antérieures.

Mulder peut-il repousser de même les recommandations de ses nombreux créanciers. Non certes! aussi, point de parité entre nous, même celle du malheur, que le cœur franc d'un soldat ne méconnut jamais.

Mais plus encore : je lui amenerai en face des témoins irrécusables, et qui établiront le véritable parallèle qui existe nous. Un parallèle! vraiment à ce mot, toutes les facultés de mon âme se soulèvent, et si je ne pensais pas qu'uncitoyen quel qu'il soit, alors qu'il se place dans le sanctuaire de la justice, dépouille tout orgueil, or celui d'être probe et vrai; si je ne pensais pas que devant les organes de Thémis, il n'y a plus qu'un plaignant et un accusé, je ne pourrais supporter l'idée de cette parité révoltante.

Est-ce au moment où Mulder, appelé au greffe, fut accablé par les preuves ? Mais c'était bien alors qu'il devait énoncer tout ce qu'il avait à dire, et ce qui compose l'acte dont il voudrait se prévaloir aujourd'hui. Une plainte récriminatoire ? et quand a-t-il pu l'adresser ? Serait-ce au moment où les *gages* ont été saisis dans son appartement ? Non, puisqu'elle n'a point passé, comme je viens de le dire, par la hiérarchie administrative, ainsi que l'usage en fait un devoir à tout prisonnier ; et encore une fois, par quelle autorité la date de cette plainte est-elle constatée ?

Ainsi donc, rien dans cette plainte, qui, au reste, manque de ce caractère dont toute pièce de cette nature doit être revêtue, ne pouvait, ne devait supporter les regards de la justice, ni affaiblir en aucune manière celle que j'ai déférée aux tribunaux, aux lumières et à la justice de la Cour.

Actuellement que j'ai tout raconté, que pourra la malignité ? Il faudra bien reconnaître en moi un homme malheureux, jouet des circonstances, trop facile, trop confiant, mais en même tems plein d'honneur, et incapable des déviations qu'une ligue dirigée par une main perfide ; qu'une ligue qui l'a suivi et et persécuté même dans les Bastilles de Napoléon ; qui, depuis la restauration, a tout osé (1), tout tenté

(1) N'a-t-on point porté l'audace jusqu'à nier la série de mes services maritimes, et à ne les dater que de la révolution ? Pour en finir, et fermer les bouches même les plus implacables et les plus adroites à travestir les faits et à intervertir les dates, je me bornerai à imprimer une pièce dont la signature forcera mes détracteurs au silence le plus honteux.

pour le perdre, et s'est trouvée tout-à-coup ressuscitée à Sainte-Pélagie, voudrait lui imputer. Mais la justice veille, et les magistrats qui regardent comme la première mission qu'ils ont reçue du Souverain, d'extirper le mal, d'arrêter la marche constante des combinaisons, des calculs coupables du méchant, du perturbateur, peseront dans leur haute sagesse, combien la tolérance de cette suite de violations des premiers principes sur lesquels repose la société, entraînerait la sanction de tous les abus; la Cour ayant toujours mis au nombre des plus belles attributions qui lui sont déléguées, de les combattre, de les détruire, de les *punir* et même de les prévenir.

Faire droit à mes plaintes, ne sera donc point seulement réparer un tort qui me soit personnel, mais bien servir l'intérêt général, et surtout l'intérêt de l'humanité, puisqu'il s'agit de faire cesser de graves *déportemens*, dont toutes les classes de la société peuvent souffrir, qui que ce soit ne pouvant se dire exempt des revers de la fortune.

Je m'arrête. Il est un autre ordre de discussion des faits et de la loi, dont je laisse tout le développement à la sagacité et au zèle de mon avocat, et je terminerai par une réflexion qui s'applique à toutes les parties de la cause.

Un complot dont l'existence est incontestable,

Voici l'état (*note* 2e.) demandé par M. le Maréchal de Castries, en 1787, à M. le chevalier d'Entrecasteaux, ancien directeur des ports et arsenaux (le personnel de la marine).

a été formé contre moi, et je n'en dévoile ici qu'une faible partie ; mais la justice tient un des fils : en le rompant, la Cour va peut-être faire évanouir tout le système, renverser toutes les machinations? Mes persécuteurs sont peut-être au dernier expédient que puisse leur fournir leur génie infernal? Quel triomphe pour la justice et pour tous!

Oui, ce que la Cour a à juger, est le fruit d'un concert exécrable, il n'est plus possible de le nier. Abus de confiance, menaces d'une scène, guet-à-pens prémédité, fureurs et provocations périodiques faites par une masse d'hommes révoltés! enfin, subornation de témoins? Que faut-il de plus pour arriver à la démonstration complète? Analyser les dires, les réponses de ces mêmes témoins, se reporter au lieu de la scène, reconnaître l'impossibilité d'une provocation de ma part, l'absurdité de l'imputation, et prononcer.

J'attends avec confiance et sécurité un arrêt de la Cour. Elle va juger entre la calomnie qui séduit, et la vérité qui persuade.

Las d'une polémique qui n'est point celle où je pourrais trouver quelque jouissance, en échangeant des idées, et en discutant sur quelque point du vaste domaine de l'art nautique, seul et dominant objet de méditations que je publierai prochainement dans des Mémoires où enfin je n'aurai plus à débattre avec de vils intérêts et d'infâmes passions, je déclare que je ne répondrai plus à aucune diatribe, à aucune accusation, à moins qu'elle ne portât sur *des dates et des faits.*

Note 2e.

MES ANNÉES DE SERVICE.

ÉPOQUES.	GRADES.	FAITS.	TEMPS de service. Ans.	Mois.
INFANTERIE.	VOLONTAIRE, cadet-gentilhomme.	L'ÉTAT rédigé par ORDRE et apostillé par M. l'amiral d'Entrecasteaux, ancien directeur des ports et arsenaux pendant le ministère de M. le maréchal duc de Castries, (aujourd'hui le personnel) *établit:* que je fus placé en 1774 à la suite du régiment de la Reine, infanterie, puis nommé cadet-gentilhomme. *Pièce cotée n°.* 1;		
MARINE.	ASPIRANT garde de la marine.	Qu'en 1777 je passai dans l'armée navale, et que je fus nommé garde de la marine en 1778, *Pièces cotées n°s.* 2 *et* 3. Il conste, par l'état du port de Toulon, *pièce n°.* 4, que j'ai servi sur le vaisseau *la Bourgogne*, pendant les années 1779, 1780 et 1781.		
GUERRE D'AMÉRIQUE.	GARDE de la marine et enseigne de vaisseau.	L'ÉTAT du port de Brest, *pièce n°.* 5, *établit* qu'au mois de février 1781, je fus embarqué sur le vaisseau *le Citoyen*, faisant partie de l'armée de M. le comte de Grasse; Que le 1er. septembre même année, *pièce n°.* 6, je passai sur le vaisseau *le Northumberland;* Que le 5 octobre 1782, *pièce n°.* 7, je fis une croisière sur le vaisseau *le Brave;* Que le 27 novembre même année, *pièce n°.* 8, je passai sur le vaisseau *le Duc de Bourgogne;* Enfin, qu'à Porto-Cabello, au moment de la paix de 1783, le 23 avril, je m'embarquai sur le vaisseau *le Souverain*, état de Toulon, *pièce n°.* 4, et que je désarmai dans ce port le 1er. août même année. M. le maréchal de Castries, en prévenant feu le baron d'Imbert, mon frère, alors chef de ma famille, qu'il autorisait mon embarquement sur un des vaisseaux destinés à désarmer dans ce premier port du midi de la France, lui marquait : « Je saisirai toujours avec plaisir les occasions qui		

ÉPOQUES.	GRADES.	FAITS.	TEMPS de service. Ans.	Mois.
GUERRE D'AMÉRIQUE.		» me mettront à même de contribuer à votre satisfaction, *dans ce qui concerne monsieur votre frère.* » *Pièce n°.* 9. *Signé* CASTRIES. L'ÉTAT précité, rédigé par M. d'Entrecasteaux rappelle encore que je fus employé du 22 décembre 1783 au 10 juin 1784, au conseil de guerre tenu à Lorient, en faveur de M. le comte de Grasse. *Pièces n°s.* 10 *et* 11. Il rappelle également que le 3 décembre 1784, je reçus l'ordre, *pièce n°.* 12, de suivre l'armement de la frégate *la Vénus*, et qu'au mois de février 1785 je passai sur la frégate *la Résolution*, commandée par cet illustre navigateur, état de Brest, *pièce n°.* 5, sous		
CAMPAGNES des Indes, de Chine, voyage de la mer du Sud.	ENSEIGNE de vaisseau, lieutenant de vaisseau.	les ordres duquel j'ai fait mes campagnes des Indes, de la Chine et de la mer du Sud. MM. Labarre Dulaurant, de la Rochefoucauld, de Rosset et de Saint-Aignan ont fait cette campagne. M. d'Entrecasteaux, dans son rapport, dit : « M. le » baron d'Imbert s'est trouvé à la prise de Tabago, à » celle d'York-Town (Nouvelle Angleterre,) de Saint-» Christophe, Nyèvre et Mont-Sara ; à plusieurs combats » de terre et de mer, et notamment à ceux de la Marti-» nique, 29 avril 1781; à celui du 5 septembre même » année, aux trois combats donnés les 25, 26 et 27 jan-» vier 1782 ; enfin, à ceux des 9 et 12 avril même an-» née. Il resta *seul* à ce dernier combat, des trois officiers » employés sur les gaillards, le valeureux capitaine du » NORTHUMBERLAND et son capitaine en second ayant » été tués, M. le baron d'Imbert prit le commandement » du vaisseau : cet officier est le seul qui n'ait demandé » aucune grâce pour cette affaire, qui en a mérité (sur » sa demande) à tous ceux du NORTHUMBERLAND. » Le même rapport rappelle aussi, qu'à notre retour de la mer du Sud une maladie grave, *pièce n°.* 13, m'obligea de me rendre à l'île de France, dont M. d'Entrecasteaux vint prendre le gouvernement peu de temps après. Enfin, ce rapport de M. *d'Entrecasteaux* établit : qu'au mois d'octobre 1787, j'avais *vingt ans et cinq mois de service*, y compris mes campagnes et mon temps de mer. Il est terminé par ces mots : « *Je cer-» tifie que M. le baron d'Imbert a servi de manière à » mériter les grâces du Roi.* » *Signé* ENTRECASTEAUX. » ci. . .	20	5

ÉPOQUES.	GRADES.	FAITS.	TEMPS de service. Ans.	Mois.	Jours.
		Report ci-contre.	20	5	
		Le 27 octobre 1787, l'amiral d'Entrecasteaux me chargea de ses dépêches pour le ministre de la marine. Je m'embarquai sur la corvette l'*Ile de France* : j'arrivai à Lorient au mois d'avril suivant. *Etat de ce port. Pièce cotée n°.* 14.			
		Du 25 octobre 1787 au 1er mai 1788, y compris le temps de mer, ci.		9	7
PAIX.		Du 1er mai 1788 au 23 avril 1793, ci	4	11	23
		Pendant ce laps de temps, j'ai été nommé chevalier de l'Ordre royal et militaire de St.-Louis, et élevé, par ancienneté, au grade de capitaine de vaisseau de 1re classe. J'ai monté *la Sybille*, et commandé en chef l'une des escadres de la Méditerranée depuis 92. *Pièces cotées* 15, 16 *et* 17.			
		C'est en conséquence de ce commandement, que le ministre de la marine m'écrivit en ces termes:			
	Lieutenant et Capitaine de vaisseau de première classe.	AU COMMANDANT D'IMBERT. Le Ministre de la marine, à l'officier commandant l'escadre destinée pour Alger. « *Il doit vous avoir été remis des instructions relatives* » *à votre mission pour Alger.* . . . . « Puis cette lettre terminait par me faire » sentir *l'importance de la mission qui m'était confiée.* »			
		Mais les révolutionnaires, dès le mois de janvier 1793, m'avaient destitué ; et le commandant d'armes Chaussegros donna *la Sybille* au capitaine Rondeau, qui joignit le vice-amiral Truguet, sous les ordres duquel se trouvait alors l'armée navale de la Méditerannée.			
GUERRE.		Au mois d'avril 1793, le contre-amiral Trogoff prit le commandement de cette armée. Il me donna immédiatement celui de *l'Impérieuse*. Le 11 mai suivant, je montai *l'Apollon*.			
		C'est à bord de ce vaisseau, que le 24 août, la veille			
			26	2	00

ÉPOQUES.	GRADES.	FAITS.	TEMPS de service. Ans.	Mois.
		Report d'autre part.	26	2
Proclamation de Louis XVII.		de la fête de St.-Louis, au fort de la terreur, je proclamai Louis XVII, et que je fis rétablir le pavillon blanc *sous lequel le commerce ne connut jamais d'interruption totale.* L'équipage prit spontanément la cocarde blanche, et le pavillon des lis fut salué par vingt-un coups de canon et cinq cris de *vive le Roi!*		
		Le 27 août suivant, au nom du Roi de France, et en vertu des pouvoirs illimités de la ville et de l'escadre, desquels j'étais porteur, je conclus avec le principal plénipotentiaire des hautes puissances coalisées, l'amiral lord Hood, le traité de Toulon. *Pièce cotée n°.* 18.		
		Le 9 septembre suivant, je remis à mon capitaine en second, M. Brelley, le commandement de *l'Apollon. État de Toulon. Pièce cotée n°.* 8.		
Emigration.		Au moment de l'abandon de cette ville, je m'embarquai sur la frégate anglaise capitaine Secombs. J'arrivai à Livourne le 31 décembre 1793.		
		Du 24 avril 1793 au 1er. janvier 1794, neuf mois et sept jours, faisant, y compris le temps d'activité. . .	1	1
		Du 1er janvier 1794 au 25 juin 1796, ci	3	8
ITALIE.		Le 25 juin 1796, l'armée commandée par le général Buonaparte ayant envahi le territoire toscan, le très-honorable M. Windam me chargea, dans ces circonstances difficiles, d'une mission de la plus haute importance près de la cour de Naples, et pour laquelle il ne fallait rien moins que traverser la ligne française; j'eus le bonheur de m'en acquitter à la satisfaction complète du ministère sicilien, et celui de recevoir du roi Ferdinand, de la reine Caroline, et des ambassadeurs des cabinets de St.-Pétersbourg et de Saint-James, des marques d'une flatteuse considération.		
		Cette mission me retint en activité de service jusqu'au 16 mars suivant, faisant, y compris ladite activité de service, ci.	1	7
		Du 17 mars 1797 au 5 août 1800	3	4
			36	00

ÉPOQUES.	GRADES.	FAITS.	TEMPS de service. Ans.	Mois.	Jours.
		Report ci-contre.	36	00	20
GUERRE.		A Livourne, au mois de juin 1800, par ordre émanant de S. M., je fis l'armement d'une corvette. L'amiral anglais, qui n'avait pas été prévenu, arrêta ce bâtiment au moment où je venais de le conduire en rade, et s'opiniâtrant à ne point lever l'embargo, malgré les sollicitations qui lui en étaient faites, il voulut le mettre personnellement sous ma direction, et me délivra l'autorisation nécessaire à la sûreté de sa navigation. *Pièce cotée n°.* 21. « Permission est par le présent accordée au capitaine » baron d'Imbert, de s'embarquer de Livourne à bord de » tout vaisseau quelconque, avec ses bagages, effets, etc. » sans être soumis à aucune interruption ni détention, etc. » Donné à bord du vaisseau de S. M. B. *le Minotaure*, » en rade de Livourne, le 5 août 1800. « *Signé* KEITT. » A tous les officiers et capitaines commandant les » vaisseaux et bâtimens de S. M. B. dans la Méditer- » ranée, par ordre du vice-amiral. « *Signé* BROW.			
NAVIGATION		Cette corvette, après avoir exploré les côtes de la Méditerranée, et mouillé successivement à Porto-Longone, Palerme et Naples, désarma à Mahon au mois d'août 1801. Là, je m'embarquai sur la frégate portugaise *le San-Juan*, sur laquelle je fis voile pour Gibraltar, où l'un des anciens ministres de S. M. B. à Toulon, M. le général O'Hara, m'employa sur le vaisseau *le Terrible*, qui me conduisit à Porstmouth, où nous arrivâmes le 29 décembre 1801. *Pièces cotées n^{os}.* 22, 23 et 24.			
		Du 5 août 1800 au 29 octobre 1801, y compris le temps de mer.	2	9	18
ANGLETERR.		Du 29 décembre 1801 au 30 avril 1803, ci	1	4	1
		Le 1er mai, je reçus l'ordre d'expédier sur le continent, les officiers que j'avais désignés comme pouvant préparer et faire exécuter les plans qui m'avaient été			
			39	14	9

ÉPOQUES.	GRADES.	FAITS.	TEMPS de service. Ans.	Mois.	Jours.
		Report d'autre part.	39	14	9
ANGLETERR.		demandés par le gouvernement anglais, et que j'avais rédigés conformément aux volontés du lieutenant-général du Royaume, MONSIEUR, comte d'Artois. *Pièce E, page 45.*			
SERVICES secrets.		J'y ai fait passer successivement, du 1er mai 1803 au 1er mai 1807, MM. le général Dubuc, Rossolin, Cocampot, le chevalier de l'Aa, le comte Duhautoy, Stuart, Plagne, Michel et autres.			
		Dudit 1er mai 1805 au 1er mai 1807, quatre années, qui, avec le temps d'activité, font	8		
ALLEMAGNE.		Quelque temps après l'expédition de Copenhague, lorsque M. le baron Hue, chargé d'affaires de S. M. près les cours d'Allemagne, fut obligé de quitter Altona, il me confia, à compter du mois de septembre 1807 au 1er janvier 1808, le dépôt des dépêches qu'il transmettait à S. M. C'est à cette époque qu'il m'écrivait : *Servez la cause de tous vos moyens.* Pièce cotée no. 25.			
FRANCE. Prisonnier d'état.		Enfin, du 1er mai 1807 au 1er octobre 1814, que, sur ma DEMANDE, j'ai été mis à la retraite, on compte 7 ans et 5 mois : je dis 7 ans et 5 mois, car le prisonnier de guerre n'est point privé de la continuité de son droit à la retraite, et le prisonnier d'état doit au moins en jouir comme lui, si l'on est tellement avare de justice et de récompense, qu'on ne veuille pas lui compter double, les jours de sa captivité. *Pièce cotée no.* 26	7	5	
		Ce qui forme un total de services, qui constate qu'au moment où ma retraite m'a été accordée, 1er. *octob.* 1814, j'avais CINQUANTE-CINQ ANS CINQ MOIS NEUF JOURS de service, dont QUARANTE ANS ET TROIS MOIS EFFECTIF, ci.	55	5	9

Ces services, trop bien appréciés par Buonaparte, m'ont mérité de sa tyrannie ombrageuse, et qui ne pardonnait pas aux fidèles serviteurs du Roi, sept années de cachot, d'exil et de surveillance. Mais, en compensa-

EPOQUES.	GRADES.	FAITS.
RESTAURATION.		tion, ils m'ont mérité aussi de la part de la Commission spéciale instituée en 1814 pour reconnaître et constater les droits des anciens officiers de la marine, le rapport par lequel elle dit, en me rendant justice : « *Le Baron d'Imbert, capitaine de vaisseau de première classe, demande sa retraite ; il a droit à celle de capitaine de vaisseau et au grade de contre-amiral, s'il justifie avoir commandé une escadre.* » Ce que j'ai fait. Cette Commission était présidée par le vice-amiral de Rosilly, doyen des officiers de l'ancienne marine, et j'avais l'avantage de compter parmi ses membres, deux officiers-généraux sous les ordres desquels j'avais servi pendant la guerre d'Amérique.
BELGIQUE 1815.		Le 20 mars, je suivis mon Prince dans cet asile où tous les cœurs français l'accompagnèrent. J'arrivai à Bruxelles le 25 du même mois. *Pièce cotée n°. 27.* Au mois de juillet suivant, je rentrai en France à la suite de S. A. S. Monseigneur le Prince de Condé. Ainsi, l'on voit que j'ai servi la monarchie avant comme après la révolution ; qu'avant comme après mon *exil* d'Angleterre, toujours et partout la même confiance de mes Princes et de leurs ministres, des monarques coalisés et de leurs premiers plénipotentiaires, m'a été honorablement accordée. Il faudrait croire enfin, que telle personne qui a repoussé les attestations des principaux agens confidentiels de S. M., pendant l'émigration des principaux officiers-généraux expatriés, et des ministres des alliés du Roi, *comme émanant du pouvoir, inhabiles pour certifier les services de la fidélité*, n'osera point élever un doute, et infirmer l'acte dressé par un des officiers de la flotte fran-

EPOQUES.	GRADES.	FAITS.
		çaise, dont le nom était entouré de la plus grande illustration, déjà même avant les jours révolutionnaires, ni les états extraits des archives des affaires étrangères et des cabinets.
		Nota. L'impression de toutes les pièces cotées, ne pouvant avoir lieu ici, puisqu'elles sont si nombreuses qu'elles formeraient un volume, je crois qu'il me suffit d'annoncer qu'elles sont déposées en original ou en copies légalisées, au ministère de la marine, dans un dossier *ad hoc*, sous leurs lettres et numéros d'ordre.

FIN.

PREMIÈRE RESTAURATION

DU TRONE LÉGITIME.

> « Toulon est rentré sous l'obéissance de ses
> » maîtres légitimes ; Louis XVII, fils de l'infor-
> » tuné Louis XVI, a été proclamé roi. Français,
> » réfléchissez sur le vœu que vous avez à pro-
> » noncer ; et, d'après votre énoncé libre, ceux
> » qui voudront la royauté peuvent compter sur
> » notre assistance ; ceux qui n'en voudraient pas
> » seront respectés dans leur opinion, et renvoyés
> » dans leurs foyers, *où la solde leur sera con-*
> » *tinuée !* »
>
> (*Proclamation des Toulonnais, le 24 août* 1793.)

Tout fléchissait sous la tyrannie de la Convention : la mort de Louis XVI semblait avoir porté le dernier coup aux partisans de la monarchie, et pas une voix n'avait eu le courage de s'élever pour proclamer Louis XVII, héritier de la triste et sanglante couronne de son malheureux père ; les habitans de Toulon, à jamais illustrés par leur délibération, rompirent, comme par enchantement, ce silence de l'humiliation et de la stupeur, et ne voulurent pas qu'il fût dit que la nation française oubliât l'existence de son maître.

Cette ville donna la première l'exemple mémorable du rétablissement du trône, et se soulevant contre l'oppression conventionnelle, elle investit un seul homme de pouvoirs *illimités*, pour traiter des plus grands intérêts, et spécialement de la remise et *du dépôt de ce port et de cette place*, sous la protection des hautes puissances coalisées, et immédiate de S. M. le roi de la Grande-Bretagne (1) ; et cet homme, ce fut moi.

(1) Il paraît peu séant que le narrateur d'un fait historique fasse mention de lui-même ; mais comme dans un écrit récemment publié sur la révolution de Toulon, il est dit, qu'on avait reproché à l'auteur de

ce plan, impossible à exécuter, ne pouvait avoir été conçu que par les étrangers, qui y trouvaient l'avantage d'anéantir en Europe notre prépondérance politique.

Au milieu des horreurs de ces temps désastreux, peut-être devons-nous ne pas négliger de porter nos regards sur cette éternelle protection qui semble veiller à la conservation de notre patrie, et qui a permis que la volonté de quelques ambitieux qui aspiraient à la dictature suprême de la France, ait servi l'indivisibilité du territoire. Ainsi furent déjouées, et tournèrent à notre avantage, les manœuvres des agens de l'extérieur, et les combinaisons machiavéliques des intrigans qui se disputaient l'autorité.

Il n'est que trop avéré qu'il a existé, qu'il existe encore, une association entre les *illuminés* de la capitale et ceux des provinces qui bordent la Méditerranée. C'est cette affiliation qui est la motrice de toutes les secousses qui ont ébranlé cette belle contrée. On voit cette secte ennemie de tout ce qui est ordre, raison, légitimité, s'agiter, lever sa tête hideuse dans toutes les circonstances, dans toutes les crises politiques où elle peut espérer de semer la discorde, et allumer les torches de la guerre civile. Elle prend toutes les formes, et arbore toutes les couleurs : elle tient tous les langages, elle s'accommode en apparence de tous les régimes, pourvu qu'elle puisse se mettre en attitude pour saper les fondemens de la société, dont le bouleversement et la ruine est le triomphe qu'elle se réserve.

Ah! qu'ils sont coupables ceux qui, pour servir leurs vils intérêts, leur ressentiment, emploient ces hommes couverts de sang, de boue, et en font l'instrument de leurs calculs. Pour leur honneur encore, j'aime à croire que s'ils avaient sondé toute la profondeur de la perversité de ces êtres dégradés, ils reculeraient d'effroi devant la pensée de les mettre en action. Eh! comment, si la passion n'a pas obscurci chez eux les premières lueurs de bon sens, n'ont-ils pas prévu que tôt ou tard, ils deviendraient à leur tour les victimes de ces sicaires prêts à se vendre à la main qui leur offrira un plus haut prix de leurs forfaits.

Si les souvenirs de l'histoire n'étaient pas nécessaires à l'instruction des peuples, quel homme voudrait ne pas effacer celui de ces temps horribles où les factions, aux prises avec les factions, déchiraient la France; dans cette lutte terrible des passions, des haines, des fureurs, souvent la fidélité chancelle, la bonne foi disparaît, la conscience s'évanouit, et la vertu persécutée n'a plus d'asile que dans la profondeur de quelques âmes privilégiées ; elles seules savent mépriser le danger, repousser la corruption, et ne pas céder à toutes ces offres, présentées aux ambitions communes.

Oui, tout homme de bien voudrait effacer le souvenir de ces jours sinistres ; mais enfin, si l'impitoyable mémoire des contemporains, si le besoin de léguer les leçons de l'expérience à nos descendans, nous forcent à rappeler les déchiremens de la patrie, du moins ne devrait-on pas en faire un instrument de parti, et un moyen de perpétuer les haines. Comment se fait-il donc que tant d'écrivains, exhumant des faits déjà si éloignés de nous, les changent, les dénaturent, les présentent sous un aspect qui sert malheureusement avec trop d'efficacité, leurs desseins turbulens? Comment se fait-il que l'on ne raconte les événemens dont le Midi a été le théâtre depuis 1789, qu'avec une exagération calculée? Pourquoi perpétuer ces dénominations auxquelles nous devons attribuer tous nos maux? Pourquoi toujours nier la gloire de la fidélité, et préconiser les écarts de la rébellion? Pourquoi ne donner le nom de patrie, qu'aux lieux où les principes de la révolution ne trouvèrent point d'adversaires ; de Français, de héros, qu'aux braves qui combattirent sous d'autres couleurs que celles d'Henri IV ? Pourquoi donc provoquer, perpétuer ce système de deux poids et de deux mesures? Les royalistes du Midi, les Vendéens, l'armée de Condé, n'ont-ils pas des titres à l'amour, à la reconnaissance de leur prince et de leur pays? Qui donc pourra me contester, quand je dirai que les Toulonnais n'ont jamais eu qu'un seul cri de ralliement : Dieu, le Roi, *la légitimité!* et qu'ils méritent que les annales de la monarchie les placent à l'insigne et premier rang des défenseurs du trône.

Loin de moi l'idée de détruire ce que le temps et la sagesse veulent fondre pour le bonheur de l'état : tout ce qui jeta de l'éclat sur le nom français, a des droits à notre admiration, à notre estime. Un seul lien nous rattache, ne le rompons pas : mais si nous voulons lui donner de la consistance, de la solidité, ne soyons injustes envers personne.

Mais revenons : les vœux des Marseillais, qui n'avaient pris d'abord le masque de fédéralisme, que pour rentrer plus promptement sous le gouvernement monarchique, et qui repoussaient au fond de leur âme toute idée de division de nos provinces, ne furent point remplis : des revers dont je signalerai les causes quand il en sera temps, firent évanouir leurs espérances, et, comme les Lyonnais, ils furent contraints de céder à la force.

Marseille donna donc l'impulsion; on se modela sur elle, et chaque commune, Toulon particulièrement, eut bientôt ses sections et son comité général; c'était une institution de circonstance; mais elle était bonne, puisqu'en même temps elle divisait et centralisait les pouvoirs. Aussi, des discours multipliés, abondamment répandus par le comité-général de Marseille, parmi le peuple, dans les armées, dans les villes du Midi, propagèrent-ils bientôt les bons principes.

Ce fut un beau spectacle que cette opposition si honorable pour le Midi : d'un côté, la Convention s'arrogeant un titre usurpé, et se disant fastueusement l'Assemblée de la nation, décomposant l'état social; de l'autre, la ville de Marseille, rattachant les parties du corps politique qui tombaient en dissolution complète, luttant avec force contre ce système de destruction raisonnée, et cherchant à réparer les erreurs du reste de la France.

Les sections de Toulon imitèrent cette belle résolution, et

leur situation leur facilita les moyens d'y donner encore plus d'essor.

Toulon n'avait pris aucune communication *officielle* avec les alliés, au moment où le Roi y fut proclamé ; et nul doute qu'il n'eût pas accepté leurs secours, si l'armée départementale créée et salariée par Marseille, eût obtenu les succès que l'on devait en attendre. Mais depuis quand est-il interdit à des chefs militaires de se réunir aux habitans d'une ville, pour la sauver d'une ruine inévitable ? En 1814, ne vit-on pas les généraux de l'armée française *capituler* pour soustraire Paris aux horreurs d'un bombardement. Mais ici nulle comparaison ; Toulon n'a point capitulé. Plein de confiance dans la loyauté des hautes puissances coalisées et du gouvernement britannique, il a remis *en dépôt*, il a placé sous la protection, sous l'honneur anglais, les droits du Roi de France ; c'est au nom du souverain légitime qu'il a traité, et en négociant avec ses alliés, l'amiral Trogoff n'a fait que suivre en tout les instructions dont il était porteur, *et moi, celles qu'il m'avait transmises au nom de Sa Majesté.*

Qu'on ne m'oppose point l'inutilité de nos efforts dans cette noble et audacieuse tentative, qu'on ne me parle point du dégât que l'arsenal et le matériel de la marine y ont éprouvé ; la moindre bataille perdue par l'usurpateur a coûté à la France des valeurs bien autrement importantes. Peut-on perdre de vue que si l'on n'avait point accepté l'assistance des flottes étrangères qui menaçaient le port, ces flottes en prenant une attitude hostile, auraient bombardé la ville et l'arsenal ; que l'escadre toute divisée par l'opinion, ne présentait aucun moyen de défense, qu'elle serait devenue entièrement la proie de l'ennemi, et que les dommages occasionnés par le feu des assaillans auraient produit des effets bien autrement irréparables que l'incendie de quelques vaisseaux : incendie que l'on fait bruire si haut, et sur lequel je ne pense pas néanmoins qu'on ose porter la mauvaise foi jusqu'à vouloir l'imputer à ceux qui ne devaient pas le prévoir.

Ah ! s'ils avaient pu pressentir les résultats de leur confiance aux armées coalisées, auraient-ils consenti à la perte des vaisseaux, à la spoliation des magasins, aux avaries de l'arsenal, l'un des premiers points d'appui de la cause royale.

Mais à quel degré ces désastres ne furent-ils pas exagérés, multipliés, sous le pinceau trompeur des hommes de mauvaise foi qui en ont fait le tableau ? Des intérêts privés, des intérêts de factions, des dissidences d'opinion ont dirigé la plume et les discours de tous ceux qui en ont fait le récit. Mais j'aborde sans ménagement la question. Les Toulonnais ont voulu un prince et des lois constitutives ; les hommes de toutes les couleurs qui ne veulent ni chefs, ni économie sociale, ni régime constitutionnel, ou qui veulent tout cela façonné, réduit à leur manière et selon leur prespective, n'ont jamais pu leur pardonner cette franche expression de leurs sentimens, et ne sachant comment les calomnier, ils leur font un crime de ce qui fait leur gloire.

On a poussé l'indignité jusqu'à prétendre que des vaisssaux avaient été livrés aux Anglais. J'ai une trop haute opinion des capitaines qui les commandaient, pour penser qu'ils aient pu se décider à conduire les bâtimens qu'ils montaient et à les désarmer dans les ports de la Grande-Bretagne, sans en avoir reçu l'ordre exprès du souverain ou de ses agens.

Au surplus, je donne ici une note à ce sujet (note 1re.) : on peut croire à sa véracité et à son exactitude.

Ils se trompent, ces détracteurs de l'acte le plus héroïque du dévouement. Déjà, et depuis long-temps, nos fastes ont constaté la gloire immortelle des Toulonnais, qui, au fort de la terreur, osèrent rétablir le trône et l'autel, et l'on ne pourra jamais leur enlever un titre que la France et l'Europe entière luur accordent, celui de PREMIERS RESTAURATEURS DU TRÔNE LÉGITIME.

La restauration de la monarchie sur la tête du roi légitime, devait assurément sauver Marseille et la France entière. Quel hommage de reconnaissance cette ville ne doit-elle pas à l'immortel Trogoff! Ce fut cet amiral qui, le premier, osa rappeler le nom de l'auguste famille des Bourbons. La Convention, informée de l'insurrection de Marseille, ordonna aussitôt à ses ministres de la guerre et de la marine, de faire marcher des troupes contre cette ville, et d'envoyer une division de l'armée navale pour bloquer le port, intercepter et renvoyer à Toulon les grains qu'on attendait de la côte de Barbarie. Le courrier porteur de ces dépêches pour l'amiral, l'était aussi d'ordres secrets pour les autorités constituées. Celles-ci se réunirent immédiatement en assemblée générale, mandèrent les différens chefs militaires et principalement l'amiral Trogoff, pour savoir quelles mesures il avait prises afin de remplir les ordres du gouvernement et d'en hâter l'exécution. M. de Trogoff chercha d'abord à gagner du temps; mais, pressé vivement, et voyant que tout moyen suspensif lui était enlevé, il se roidit contre les obstacles, et se confiant à ses inspirations secrètes, à l'ascendant que la vérité et le sentiment ont toujours sur la multitude, il dit, en s'adressant aux plus fougueux démagogues réunis : « J'ai répondu au ministre, et nulle force ne m'obli» gera d'entreprendre rien contre la ville de Marseille. » Il prévoyait alors les événemens, et sans donner le temps à l'assemblée de répondre : « Avez-vous, ajoute-t-il, avez-vous oublié » que Henri IV assiégeant Paris, y faisait passer des vivres, et » nourrissait ses sujets égarés? Voudriez-vous qu'un Français » livrât des Français à toutes les horreurs de la famine. Non, » je n'exécuterai point un ordre aussi barbare. »

Et tel est l'empire de la raison, que ces autorités, dont la plupart des membres avait provoqué tous les crimes, ne répondirent au noble amiral que par un silence forcément approbatif. M. de Trogoff sortit alors accompagné des braves capitaines De Goy et Duhamel, et fut suivi de plusieurs de ses camarades sans qu'on osât insulter un d'eux. Placé à ses côtés, j'avais admiré son sang froid héroïque, et je pus recueillir ses paroles que je transmets à la postérité. L'histoire ne les laissera pas échapper; elles sont trop sublimes pour qu'elle néglige d'en orner ses plus belles pages. Qu'il est donc coupable le folliculaire qui, en Italie et à Londres, a osé avancer que l'armée n'avait pris aucune part, ni donné aucun appui au mouvement spontané des Toulonnais! La masse, fidèle à ses antiques sermens, a provoqué, a voulu la restauration de la monarchie et de la dynastie légitime; et s'il s'est montré au milieu d'elle quelques dissidens, c'est qu'ils avaient déjà flétri à jamais leur nom en l'apposant à cette liste infâme, qui a servi de sanction apparente au jugement et à l'assassinat du meilleur des rois; et ils n'avaient pourtant point été privés des exemples d'une courageuse fidélité, ces transfuges de la bonne cause. Je leur rappellerai le refus de M. le comte de Barthon de Monthas, lieutenant des maréchaux de France : les révolutionnaires vinrent le sommer, le poignard à la main, de signer l'arrêt de Louis XVI, il répondit par un NON positif, et sa fermeté lui valut l'estime des démagogues; ils respectèrent sa personne, et le laissèrent libre au milieu d'eux. Et puisque j'ai prononcé le nom de ce courageux vieillard, je rappellerai sa sanglante épigramme, et j'ajouterai qu'à quelque temps de là, une troupe de jacobins étant venu assaillir sa maison pour le désarmer, il prit son épée, en brisa le fer, et offrant la garde, il leur dit : « Je sais ce que vous » cherchez, prenez, c'est de l'argent. » Disons-le, les fatales listes de la mort des votes pour Louis XVI, qui n'ont eu lieu que dans quelques villes, sont une tache à notre temps malheureux! Mais qui les a signées? des gens sans caractère, des misérables, de l'appui desquels s'étayaient les factieux qui avaient besoin de leur assistance; ces listes ne sont arrivées qu'après le jour fatal. Mais elles étaient annoncées à l'avance, et si elles n'étaient pas sorties des ateliers du crime et de la rebellion, la France du moins n'aurait pas la douleur de compter d'autres approbateurs ou assassins de son maître, que les régicides de la Convention.

L'insurrection du Midi en 1793, fut un mouvement national: ce furent les hommes les plus vertueux qui le conçurent, qui l'exécutèrent. Obligés de suivre la ligne politique que leur tra çaient les circonstances, ils insistèrent d'abord en invoquant les lois du jour ; et brisant enfin les chaînes de l'esclavage, ils réintégrèrent le fils de Louis XVI dans l'héritage de son père, en même temps qu'ils relevaient le trône. Leur plus noble espérance était de rendre la liberté à l'auguste fille de Marie-Antoinette, et de sauver la fille des Césars du sort affreux qui la menaçait.

Malheureusement ces hommes n'eurent pas une capacité proportionnée à leurs bonnes intentions : ils avaient à lutter contre des rebelles qui joignaient aux calculs de l'ambition tout l'enthousiasme de cette secte délirante dont la voix mensongère prêche une liberté, une égalité qui ont fui constamment devant ses fureurs criminelles. Les agens de la Convention semèrent l'or dans les départemens insurgés ; la corruption vint se glisser dans les rangs, et la trahison et la stupeur amenèrent les défaites de Lyon et de Marseille.

Si les Anglais avaient rempli leurs engagemens et marché immédiatement sur cette dernière ville, Cartaux et ses troupes conventionnelles auraient été detruits, ou du moins repoussés au-delà du Rhône, et mis entre deux feux : tel était l'avis de lord Hood, de don Gravina, mais ce ne fut pas celui du conseil anglais ! de cette époque date le germe de division entre les alliés ; division qui fut bientôt à son comble par suite de la proclamation indiscrète, pour ne rien dire de plus, faite par les commissaires de S. M. B., qui voulurent prendre sur la ville de Toulon un ascendant bien différent de celui qu'on leur avait accordé passagèrement.

Toulon n'a point été repris, il a été abandonné ! les Espagnols auraient dû s'y maintenir : je publierai un jour ma correspondance avec les principaux chefs de cette puissance, et particulièrement avec don Gravina. Elle contient des détails de la plus haute importance pour l'histoire. Non ! nos neveux ne voudront jamais croire cette réponse que l'on dit avoir été faite par un des commissaires plénipotentiaires de S. M. B., lord Minto à l'amiral castillan, et à laquelle je n'ose ajouter foi. « *Le temps n'est pas encore venu d'arrêter la révolution française.* » Hélas ! quand il tenait ce langage, que peut-être la malveillance lui prête, les régicides faisaient tomber sur l'échafaud, la tête de Marie-Antoinette, de la reine de France.

L'abandon de Toulon fut une calamité pour la cause royale, un grand malheur pour ses habitans, et pour ceux qui s'y étaient réfugiés. La manière dont s'opéra l'évacuation, la rendit plus affreuse encore. A minuit, on publia de la part du général anglais Dundas : « que chacun eût à rester tranquille chez soi ;
» que mal-à-propos on avait peur ; qu'on ne songeait pas à
» abandonner la ville, puisqu'il ne la quitterait jamais sans
» emmener indistinctement tout ceux qui voudraient partir.

Cette proclamation fit perdre toute confiance dans les Anglais : on savait que l'ordre était donné de faire évacuer tous les forts extérieurs ; aussi, bientôt tous les citoyens de la ville affluèrent sur le port, où dans la confusion et le désordre de l'embarquement, plusieurs de ces malheureux habitans, ne sachant où fuir, se précipitèrent par centaines dans les flots.

Non ! le génie des enfers ne saurait imaginer un spectacle plus horrible ! une détonation aussi terrible que celle de l'Etna se fait entendre ; le magasin à poudre n'est plus ; l'arsenal présente un vaste embrâsement, et dans cette position, les bons et loyaux Toulonnais pleurent en masse la perte immense de la France, bien plus encore que celle de leur fortune. Hélas ! ils ne savaient pas que leurs malheurs seraient encore aggravés par la férocité des Français eux-mêmes (1)....... Ainsi se trouva

---

(1) Des milliers d'infortunés avaient abandonné leur patrie, leurs biens. Ceux qu'une fausse confiance ou que le manque d'embarcation empêcha de partir, perdirent misérablement la vie sous les fers des républicains qui s'emparèrent de la ville. Je présenterai ailleurs l'effrayant tableau, les affreux détails des vengeances et des massacres ordonnés par les représentans ; mais je dois dire que le sang innocent qui a coulé, ne doit crier vengeance que contre ces commissaires, valets et instrumens trop serviles de la Convention.

abandonné aux fureurs des révolutionnaires, une ville de première ligne, avant que l'ennemi eût osé approché de ses murs, et sans que l'impartialité de l'histoire puisse trouver une cause que l'on ose avouer à son évacuation.

Forcé le 18 décembre 1793, de fuir ma patrie, pour me soustraire aux massacres qui couvraient de deuil les provinces méridionales, et qui firent ruisseler le sang innocent sur toute la surface de la France, j'ai recueilli et classé dans ma retraite, des notes importantes relatives aux événemens qui précédèrent ces terribles catastrophes.

Je me proposais de les publier, et le Moniteur du 16 octobre 1814, en rendant compte de mon *Précis historique sur la révolution royaliste de Toulon*, avait annoncé mes Mémoires (1) quand je crus reconnaître que la faction buonapartiste s'agitant pour ressaissir le pouvoir, et rétablir, peut-être, le régime de la terreur, il serait dangereux de hâter la révélation de services qui attireraient sur leurs auteurs de nouvelles persécutions.

Le 20 mars justifia trop mes pressentimens; je suivis mon prince en Belgique, et j'abandonnai encore une fois une terre qui allait redevenir le théâtre de l'oppression et de la tyrannie.

Cette invasion de Buonaparte, qui ne paraîtra audacieuse qu'aux hommes ignorant les ressorts de l'intrigue et de la per.

---

(1) Le *Moniteur* s'exprime ainsi dans l'analyse qu'il présente du *Précis historique sur les événemens de Toulon en* 1793, que j'avais extrait de ces Mémoires et publié au mois de juillet 1814. Il dit : « M. le baron d'Imbert » était dans une position qui donne beaucoup de poids à ses récits, et un » grand intérêt à ses développemens; il commandait l'une des escadres de » la Méditerranée à Toulon, et sa narration fait connaître avec quelle vi- » gueur de pensée et d'exécution il servit la cause à laquelle il s'était » dévoué.

» Des pièces importantes et officielles sont placées à la suite de cet ou- » vrage, qui fait connaître d'une manière authentique tout ce qui a rapport » à l'insurrection départementale du Midi de la France en 1793.

» Cette indication suffira pour faire désirer ardemment la publication » de ces Mémoires, etc. »

fidie, fit renaître dans le Midi des dissensions dont les dernières traces s'effaçaient insensiblement. La tranquillité que goûtait cette belle partie de la France fut cruellement troublée ; la tolérance, qui avait repris un si doux empire, fut oubliée ; et le commerce, si nécessaire à l'existence du Midi, vit paralyser l'activité qu'il venait de reprendre instantanément, et détruire ses espérances.

Ces jours, malheureusement trop historiques, ont donné lieu à de nombreux écrits ; mais le public n'y a vu que des attaques et des défenses personnelles : il a montré le désir de connaître enfin les causes premières encore mal assoupies de ces troubles, et de juger les moyens que l'on pourrait employer pour les faire cesser à jamais.

Cette considération m'a déterminé à revoir les Mémoires dans lesquels j'indique l'origine de ces chocs populaires, au moment de la révolution, et j'ai pensé, d'après les demandes réitérées qui m'ont été faites, devoir les livrer à l'impression. Ces Mémoires (1), que les circonstances me permettent enfin de publier, donneront à ce sujet des détails qui ne laisseront point désormais à l'esprit de parti le plus doué d'invention, les moyens de dénaturer un des plus nobles faits du royalisme.

Mon affiliation, mes rapports suivis avec les premiers Français fidèles qui se réunirent dès 1790 pour la défense du trône, les missions dont l'autorité légitime me chargea à cette époque, l'événement du 28 février 1791, la fatale journée du 10 août, dont je partageai les périls, la nature des instructions *secrètes* dont j'étais porteur, et de celles que le ministère révolution-

---

(1) Ces Mémoires se composent, 1°. de mes Campagnes d'Amérique ; 2°. de mon Voyage dans l'Inde, en Chine et la mer du Sud ; 3°. du Siége de Toulon, avec les événemens qui l'ont précédé et suivi ; 4°. des Missions dont j'ai été chargé pour le rétablissement de la dynastie légitime en France ; 5°. des Circonstances qui ont amené et accompagné mon emprisonnement et ma longue détention sous la domination de Buonaparte.

Voyez les *Moniteurs* des 16, 18 octobre, et 8 novembre 1814, et le Mémorial universel, tome II, 21e. livraison, page 422.

naire voulut me donner par suite de la position où le désir de servir mon Prince m'avait placé, m'offrent de grandes ressources pour jeter la lumière sur des faits trop *ensevelis*. L'attitude que je pris à mon arrivée dans le premier port du Midi, au mois de février 1793, et la confiance qu'elle m'a méritée de la part des vrais et loyaux habitans de Toulon, ma nomination de membre du comité général des sections de cette ville, ma qualité de chef d'une des divisions de l'armée navale, les pouvoirs illimités (pièce A et suivantes) dont je fus investi à ce double titre, pour traiter avec les amiraux des hautes puissances alliées; enfin, les opérations subséquentes que j'ai dirigées pour le rétablissement de la monarchie légitime, ma longue détention et les tortures même que j'ai éprouvées par les ordres de l'usurpateur, m'ont mis encore plus à portée de bien connaître et de pouvoir indiquer les élémens des troubles qui ont particulièrement ensanglanté la Provence, le Comtat et le Languedoc.

C'est au moment de la révolution de Toulon qu'ils se sont développés avec le plus d'énergie; néanmoins, aucun motif de partialité ne dirigera ma plume : ici, comme dans l'ouvrage que je vais publier, je n'ai d'autre but que de fournir des notions exactes et des matériaux précieux pour l'histoire générale. J'aime à espérer que ceux qui me liront, et qui ne sont point étrangers aux faits, aux lieux, aux personnes, diront en me lisant : *cela est vrai, il a raison*; c'est le seul éloge auquel j'aspire.

L'impression de ces Mémoires signalera une troisième fois le dévouement des zélés royalistes du Midi, qui, au milieu du conflit de différens intérêts et de différentes opinions révolutionnaires, quand Marseille avait donné l'exemple de créer une armée pour résister à la tyrannie, et de députer près des amiraux des escadres combinées, les loyaux et bons Toulonnais, profitant de la circonstance et brusquant les événemens, rétablirent le trône, et proclamèrent Louis XVII, devant les phalanges de la Convention, étonnées de cette intrépide fidélité.

J'examinerai donc à qui l'on doit imputer plus spécialement l'origine de la continuation des troubles de l'intérieur : c'est bien à tort qu'on a voulu, dernièrement encore, les attribuer aux vétérans des défenseurs du trône, aux fidèles du Midi, et je terminerai par indiquer les moyens que je crois les plus propres à ramener la paix et à l'établir sur des bases solides. Alors ne se renouvellera plus, j'espère, cet acte d'une audacieuse imprudence, qui tient presque du délire, et dont se sont rendus coupables envers moi un faiseur de libelles, et un folliculaire à la journée. Le croirait-on? ces hommes soldés pour servir mes ennemis occultes, n'ont-ils pas osé, dans leur haine contre moi, dans leur rage contre *la cité fidèle*, me faire dire ce que je n'ai jamais dit, invoquer, sous mon propre nom, des pages que je n'ai jamais imprimées, en substituant des conditions humiliantes aux glorieuses stipulations d'un traité tout conservatoire, et accuser les fondés de pouvoir des courageuses sections de Toulon, la garnison de cette ville, son armée navale, d'avoir lâchement trafiqué des vaisseaux de l'état, du territoire national et du nom français, en laissant arborer au milieu d'eux le pavillon britannique.

Ils avaient donc oublié tout ce qu'en ont rapporté les écrivains les plus distingués, les annalistes les plus véridiques; ils avaient donc oublié l'opinion du Journal officiel français. Eh bien! il faut la leur rappeler en quelques lignes. Le *Moniteur* a dit : « Le dévouement héroïque de *Monsieur*, comte de Pro-
» vence, aujourd'hui Louis XVIII, qui, au premier appel des
« Toulonnais, traversa l'Allemagne pour venir partager les
« dangers des sujets fidèles à la cause royale etc., et il a ajouté :
« la révolution de Toulon, si glorieuse pour les royalistes du
« Midi, une des plus hardies qui aient jamais été tentées pour
« la cause de la monarchie légitime, ne saurait trop être signa-
« lée à l'admiration de la postérité.

C'est en effet au milieu de l'orage et dans la lutte de toutes les passions, c'est dans le paroxisme de la terreur, que les bons et loyaux habitans de Toulon donnèrent au reste de la

France, le grand exemple d'une fidélité courageuse. Ce fut en présence de dix-huit vaisseaux de ligne menaçans, et de deux armées de la Convention, au moment où Cartaux venait de s'emparer de Marseille, qu'ils osèrent faire retentir le cri de *vive le Roi*, arrêter et destituer les plus fougueux partisans de la faction révolutionnaire; qu'ils parvinrent enfin, à force de sacrifices, de dévouement et de courage, à rétablir le culte de leurs pères et à relever le trône de Saint-Louis; et sans contredit, il fallait de l'intrépidité et quelque chose de plus encore, pour arborer alors la couleur sans tache.

Combien de personnes nées avec les plus heureuses dispositions, avaient donné jusqu'à ce moment des exemples de sagesse, de probité, d'honneur; mais elles n'avaient point été exposées aux périlleuses épreuves de notre révolution.

La vertu était facile avant cette malheureuse époque : mais lorsque la crise fut arrivée, il fallut non-seulement du discernement pour y démêler le bien et le mal, il fallut de plus une âme d'une trempe rare pour résister aux humiliations, aux tortures qui menaçaient tout homme resté fidèle à sa patrie et à son prince; car qui peut ignorer que la Convention a désigné par le nom de *traîtres*, les auteurs de cette noble restauration, et qu'elle me fit l'insigne honneur de me comprendre avec distinction dans cette liste de proscrits. Et qui pourrait croire qu'aujourd'hui il soit encore des hommes dont la bouche blasphême un pareil langage ? Le grand crime des Toulonnais est, disent-ils, d'avoir appelé l'étranger. Ainsi donc Sully allant réclamer les secours d'Elisabeth dans l'intérêt de Henri IV était un traître ? Ainsi Washington ouvrant ses ports à nos vaisseaux, appelant les armées françaises pour établir l'indépendance des États-Unis, et certes les révolutionnaires ne pourront pas se plaindre de la comparaison, ainsi Washington était un traître ? Et quel peut être, je ne saurais trop le répéter, le mobile d'une telle opinion, si ce n'est la jalousie des uns, la perfidie des autres, et toujours la secrète animadversion qu'ils portent aux Toulonnais, pour avoir appris à la France, à l'Europe, qu'il existait encore en 1793 et dans *l'intérieur*, des sujets fidèles et dévoués.

Qu'on n'en doute point, mus par ces secrets et odieux motifs, au moment où je venais de faire condamner un homme qui s'était permis d'avancer les plus lâches impostures contre moi, quelques héritiers des Jacobins de 1793, ont trouvé l'expédient de recourir à la falsification et à l'emprunt fictif du nom de ce même homme, pour faire insérer dans un journal s'intitulant *le Courrier français*, une lettre aujourd'hui hautement démentie ; et ce, dans le but infâme de me susciter un nouveau débat judiciaire, et d'aggraver, de fortifier la fâcheuse réputation qu'ils voudraient créer et maintenir avec tout l'art, toute la perfidie des orateurs démagogues, et au moyen du mécanisme prodigieux des anciens clubs, contre moi et contre les principaux mandataires d'une ville à laquelle la révolution ne pardonnera jamais d'avoir pu braver ses torches et ses poignards.

Si je voulais sonder davantage de mystérieuses et épouvantables conceptions, j'explorerais une double intention dans cette œuvre de la perversité, et j'y verrais la main, toujours la main de ces comptables rétentionnaires, (1) que mes réclamations importunent, et qui, tout autant que les Jacobins, leurs affidés, ont besoin, dans un but tout privatif, de m'enlever ce qui fait mon honneur, je veux dire mon existence morale.

Mais vaine tentative de mes ennemis, et nouvelle défaite pour eux. Qu'ai-je à faire pour les confondre? A mettre en regard les termes de leurs plates accusatious et ma réponse.

Le pamphlétaire anonyme, le premier des trois imprudens détracteurs de la ville de Toulon, que je combats aujourd'hui avec l'acier de la vérité, défenseur bénévole et nécessairement *très-désintéressé* d'un certain calomniateur enfroqué, que l'on sait plus enclin à s'occuper dans le fond de sa mondaine Thé-

(1) Remonter au Mémoire.

baïde, de fictions romanesques ou d'imparfaites conceptions théâtrales, qu'à méditer sur des traités politiques ; plus habitué à juger le talent des histrions et des saltimbanques qu'à apprécier les obligations des magistrats, le devoir des pères d'une cité, ou les hautes transactions de la diplomatie et de la raison d'État; plus capable de trouver sous un capuchon qui couvrirait mieux la tête d'un Trivelin que celle d'un sage Ermite, des pasquinades qu'il prend pour des argumens ; plus habile à débiter les rêves d'un cerveau malade, donnés pour des démonstrations, qu'à voir les hommes et les choses sous leur vrai point de vue ; et nouvel ANITUS, plus prompt à répandre des calomnies qu'il prend pour les élans d'une âme patriotique, qu'à réfléchir et à parler avec franchise et discernement ; le pamphlétaire, l'ami de l'Ermite, dis-je, s'explique ainsi : « *Au moment de l'entrée des flottes combinées anglaises et espagnoles, les royalistes proclamèrent Louis XVII : les généraux étrangers les laissèrent faire ; mais lorsque ces mêmes royalistes, au lieu du drapeau de 1791, dont la convention avait été si solennellement stipulée, veulent arborer le drapeau blanc, l'Amiral anglais déploie celui de S. M. britannique. C'est pour elle qu'il commande, et Toulon commence à sentir qu'il est au pouvoir des Anglais.* » Eh bien! le pamphlétaire, trop obligeant complice de l'Ermite, a MENTI, et c'est tout simple, puisqu'il était soufflé par son client.

Voici la vérité, la vérité démontrée et incontestable.

La proclamation de Louis XVII avait eu lieu quelques jours avant l'entrée des troupes coalisées à Toulon ; ainsi donc, les généraux étrangers n'eurent pas besoin de LAISSER FAIRE aux Toulonnais, ce que le cœur leur avait FAIT EXÉCUTER d'avance.

De plus, il est également FAUX que le pavillon britannique ait jamais remplacé le drapeau blanc ni sur les murs, ni sur la flotte française, dont les vaisseaux conduits dans les ports d'Angleterre y sont arrivés et y ont désarmé, *le pavillon blanc déployé*, au conspect des marins de toutes les nations de l'Europe.

Il est encore FAUX que Toulon ait été en aucun temps au pouvoir des Anglais.

Le lieutenant-général *français*, comte de Maudet, n'a pas cessé de commander la place ; le fort de la Malgue était sous les ordres du maréchal-de-camp *français*, d'Aguillon ; la garde nationale sous ceux du brave Grasset, *ancien garde-du-corps du Roi;* les troupes de la garnison obéissaient au comte de Toustain, brigadier *français ;* l'armée navale avait pour chef l'intrépide *breton*, comte de Trogoff; l'arsenal avait à sa tête le contre-amiral *français* de Chaussegros, et la totalité des forces coalisées était dirigée par l'immortel amiral Gravina, dont l'âme et les sentimens répondaient aux amicales volontés de Charles IV, son maître, *Bourbon d'origine, et le plus proche parent* COURONNÉ *de Louis XVII.*

Ainsi gloire à l'Ermite, ou plutôt au pamphlétaire son apologiste ! Trois gros MENSONGES en huit lignes, et cent insinuations perfides ! c'est l'héroïsme de la calomnie, c'est le chef-d'œuvre du métier ! Mais personne ne s'en étonnera. Le cénobite ne vit plus que de DÉMENTIS ; il est vrai qu'on ne connaît point de nourriture plus maigre, et tant d'humilité est réellement merveilleuse !

Il faut l'avouer, l'abstinence des vérités lui trouble un peu le jugement, et son avocat, qui paraît suivre le même régime, participe aussi de ce désordre d'idées et du défaut de logique qui s'ensuit; oui, du désordre d'idées ! oui, du défaut de logique ! oui, de l'absence de vérité ! c'est bien dur à entendre, cher Ermite, mais vous faites profession de philosophie, et l'on sait que les philosophes sont habitués à recevoir bien des DÉMENTIS. Poursuivons, et nous allons voir le libelliste contredire lui-même ses assertions, en voulant y donner plus de poids; juste punition de son audace, et heureuse compensation dont je saurai profiter à la grande confusion de ces deux pères du désert d'une singulière fabrique.

Écoutons, puisque nous y sommes condamnés, l'auteur du libelle anonyme, digne spadassin du contemplatif de la *Chaussée d'Argent.*

On a vu comment il a parlé page 19; hé bien! trois pages plus haut *il avait reproché aux Toulonnais d'avoir* CONFIÉ *aux étrangers le plus vaste de nos ports, la plus belle de nos escadres.* Or, CONFIER n'est point remettre au pouvoir discrétionnaire de quelqu'un, ni lui permettre une prise de possession comme propriétaire, ce qui aurait eu lieu, si le pavillon britannique avait remplacé le pavillon français.

Mais en voici bien une autre!

Ce même écrivain avait dit deux lignes plus loin encore, que les Toulonnais avaient LIVRÉ LE SEIN DE LA PATRIE: or, ils n'avaient donc pas *confié*! LIVRER! CONFIER! entendez-vous donc, Ermite et défenseur, ouvrez le dictionnaire, et il n'y aura pas de mal, car vos écrits journaliers prouvent tous les matins que vous en avez un besoin urgent; mais surtout, lisez un certain livre de maximes, où l'on recommande aux hommes de ne jamais dénaturer les FAITS, puis écrivez l'histoire si vous pouvez.

Mais ce n'est pas le dernier tour de force du raisonnement de ces dignes amis.

Page 14, le pamphlétaire avait dit: « Que la question du traité de Toulon *était toute entière entre la France et l'étranger.* Ah! pour le coup, l'Ermite et son allié avaient ici tout-à-fait perdu la tête! Quoi! LIVRER une place SERAIT UNE QUESTION entièrement isolée entre deux états, l'un TROMPÉ, LÉSÉ, l'autre BÉNÉFICIANT; et les individus, les agens coopérateurs n'y seraient ni pour le BLAME, ni pour la LOUANGE? Quoi! tout ici SERAIT ABSTRACTION? Ah! vraiment, il y a de la maladresse dans ce langage, qui révèle un peu trop ce que beaucoup de personnes soupçonnaient: c'est qu'il est tels gens qui, après avoir tourmenté leur patrie, ou appelé sur elle par ambition, démence ou sottise, toutes les calamités possibles, oubliant la part qu'ils ont pris à ces maux, croient se justifier parfaitement en disant : *Tout cela ne nous regarde point; c'est l'étranger qui a tout fait!* Ah! Monsieur l'Ermite, les Toulonnais et moi ne voulons pas être étrangers à la noble et périlleuse restauration de 93. Nous en prenons sur nous la responsabilité et la gloire; entendez-vous bien, cénobite de boudoirs et de cafés? oui; la gloire! la gloire! que vos diatribes, vos *concetti*, vos quolibets ne flétriront point. Puissiez-vous faire de même de tous vos faits et gestes, et principalement des écrits anonymes que l'on publie pour votre défense.

Néanmoins, un atôme de bon sens a indiqué au libelliste du pieux anachorète, que c'était passer la permission donnée à un homme qui ne signe point, de se traîner d'absurdités en absurdités : il demande et prend pour épigraphe : *Si l'action de* LIVRER *une place à l'ennemi de son pays, peut jamais être revendiquée comme un acte de fidélité?* D'où l'on doit inférer cependant, que selon le sens intuitif de ce pamphlétaire, cet acte peut très-bien *s'individualiser*, et recevoir de l'opinion le châtiment qu'il mérite. Assurément, nous sommes ici d'accord; il n'y a plus qu'à interroger l'Ermite ou son champion sur ce qui était l'ennemi *du beau pays de France en* 1793, et sur ce qui était le plus à craindre pour les habitans de la Provence, ou des tigres de la Convention, ou des alliés de Louis XVII? C'est aux détracteurs des Toulonnais de répondre selon leur goût. Mais aujourd'hui le sentiment général a prononcé, et celui de ces Messieurs, quoi qu'il en soit, ne le fera pas changer. Au surplus, il reste toujours une chose prouvée : c'est que les deux confrères en fictions et en prétendu patriotisme, doivent se mordre vivement les doigts d'avoir aussi mal défendu leur cause.

Enfin il en reste une autre, et c'est la principale, que déjà je viens de traiter et de démontrer jusque par-delà l'évidence, mais sur laquelle je ne saurais trop revenir, parce qu'elle est sans réplique : c'est que jamais le DRAPEAU BLANC n'a été remplacé par le DRAPEAU ANGLAIS, que par conséquent l'Ermite et son néophyte MENTENT aussi audacieusement qu'ils argumentent avec peu d'art.

J'aurais mille autres contradictions, mille autres inexactitudes à relever encore, mais le temps me presse; je remets à un autre moment la suite de cette discussion utile, pour éclairer l'opinion que l'on veut abuser; et quittant l'ermitage dont les alentours sont desséchés par le vent pestilentiel et dévorateur de l'imposture, je descends brusquement dans les boues du cloaque où croassent des folliculaires qui se sont faits les auxiliaires déhontés d'un homme que j'ai rencontré, par hasard, dans ce terrain fangeux, avec cette différence pourtant, qu'il s'y est engagé de son propre mouvement, et qu'une injuste et cruelle infortune m'a réduit à le trouver sur cette route.

Adieu donc, illustre anachorète, adieu, je veux bien faire trève avec vous pour quelques instans, vous laisser respirer et vous donner le temps de panser vos blessures et celles de votre frère d'armes. Si dans votre cellule, le hasard faisait qu'il se trouvât quelques débris d'un miroir bien terne, tâchez d'enlever cette couche épaisse que votre souffle calomniateur et le mépris public y ont déposée. Otez votre capuchon, puis approchez de la glace! eh bien! qu'en dites-vous? Quelles meurtrissures, que dans le style mystique d'un homme qui se sanctifie comme vous, on appelle ordinairement des stigmates. *De quel œil les voyez-vous se réfléchir sur le verre poli* (1). Avouez donc que c'est un rude coup que le DÉMENTI d'un marin. Mais que vois-je, votre front rougit! Est-ce de colère, de dépit ou de honte? Bon, bon, tout n'est pas perdu; la rougeur est presque toujours un signe de repentir! Ermite, vous pourrez faire votre salut; vous avez reconnu, je le crois, que MENTIR devient un crime sous le froc. Adieu, ou si vous le voulez, au revoir. (2)

Un sieur COULON, oubliant ce que les hommes se doivent dans les rapports sociaux, et particulièrement sous le commun

---

(1) Expressions du Miroir du jeudi 4 octobre 1821.

(2) Je demeure rue de l'Université, n°. 39.

niveau du malheur, avait dit, en présence de tous les prisonniers de Sainte-Pélagie rassemblés, ameutés par lui, et exaspérés pas les critiques circonstances du jour (1), *que j'avais livré la ville de Toulon aux Anglais*, *et incendié sa flotte*; insulte que je ne pus entendre ni souffrir, comme on le pense bien, sans manifester mon indignation, et dont les tribunaux ont fait justice par l'amende et la prison; punition que j'aurais pu faire aggraver, si je ne m'étais refusé opiniâtrement à demander des dommages et intérêts personnels.

Brodant à sa manière ce procès trop dégoûtant pour un homme de mon caractère et de mon rang, mais cependant nécessaire pour la sûreté de ma personne, *le Courrier qui se dit Français*, inséra tout-à-coup dans son numéro du 18 mars dernier, une lettre ostensiblement signée COULON, et que celui-ci a déclaré en pleine audience « ne lui point appartenir, en « ajoutant: qu'il devait avouer à la justice que tous les propos « vociférés par lui dans le jardin de Sainte-Pélagie, lui avaient « été suggérés par des tiers, qui l'avaient excité à ce scanda- « leux déportement. »

Et qu'avait dit le calomniateur? C'est que j'avais LIVRÉ et *incendié* la flotte toulonnaise? Et qu'avait dit le *Courrier* dans la fausse lettre qu'il a publiée, pour amplifier et colorier cette première imposture? Que J'AVAIS VENDU CETTE FLOTTE! Mais comme une telle assertion aurait paru trop ridicule à tous les gens qui ont un peu de sens, et surtout à ceux qui ont suivi de l'œil ma carrière politique et militaire, ces feuillistes ont imaginé d'en administrer une preuve sans réplique en imprimant six lignes vénimeuses où ils me font affirmer : *Qu'en vertu de mes pouvoirs, j'avais ratifié et consenti la* VENTE *et la convention faites par les Gaston et Barcillier avec lord Hood*; et pour que l'on ne puisse suspecter cette citation, ils renvoient tout uniment à la page 16 *de mon Mémoire à la Chambre*.

---

(1) Mois d'août 1820.

Quelle infernale, et en même temps quelle sotte subtilité ! Elle tend à surpasser tout ce qu'on nous raconte de ce fameux Laubardemont, *qui ne demandait que six lignes de l'écriture d'un homme, pour le faire pendre !* du moins il lui fallait de l'écriture de l'homme qu'il voulait faire pendre ; mais les CITOYENS ACTIFS DU COURRIER ont mille fois plus d'imagination ; ils trouvent plus commode de publier des lettres qu'on ne leur adresse point, et de citer ce qui n'a jamais été imprimé, espérant qu'on les croira sur parole, et tout joyeux de livrer aux gémonies de l'opinion, celui qu'ils calomnient si à leur aise : bravo, Calpigi ! bravo ! ! !

Voyons donc ce que j'ai dit à cette page 16 de mes Mémoires, ou plutôt de ma pétition à la Chambre des Députés.

Je faisais l'orgueilleux récit du grand acte de courage qui porta les habitans de Toulon à rétablir le Gouvernement légitime, et à proclamer roi Louis XVII, fils et successeur de Louis XVI, et j'y rendais compte de la part que j'y avais prise.

Voici dans quels termes je m'exprimais :

« D'après la sollicitude constante de la Chambre pour ceux « qui ont servi la cause sacrée de la monarchie légitime, il « m'est permis de croire qu'elle n'a point oublié que c'est au « moment où la France gémissait sous le joug de Robespierre, » au plus fort de la terreur, en 1793, que j'eus l'insigne « bonheur d'être un des premiers Français qui aient proclamé » à Toulon, Louis XVII, et traité au nom de mon roi, pour le « rétablissement de la monarchie légitime, avec le chef des « hautes puissances coalisées.

« Ce traité portait principalement : que les habitans de « Toulon avait proclamé roi Louis XVII, fils de Louis XVI ; « que les vaisseaux de l'escadre seraient désarmés ; que la cita- « delle et les forts de la côte serait mis *provisoirement en dépôt* « entre les mains des chefs des hautes puissances coalisées ; « mais que la garnison serait composée d'un nombre égal de

« troupes françaises et étrangères, afin que lors de la paix gé-
« nérale, les vaisseaux et les forteresses qui auraient été mis à
« la disposition des Anglais, rentrassent au pouvoir des
« Français, dans le même état où ils étaient lors de l'inventaire.

MM. de Gaston et Bareiller, députés de la ville de Toulon, m'avaient précédé à bord de l'amiral anglais, et je ne fis que ratifier, en vertu de mes pouvoirs, la convention déjà arrêtée par eux avec lord Hood ; j'insistai principalement sur le désarmement de l'escadre (1), et sur la nécessité d'un inventaire du matériel de la flotte et de l'arsenal.

Maintenant, je m'adresse au droit sens et à la conviction de tout lecteur : qu'y a-t-il de commun entre le loyal, le patriotique traité de DÉPOT, de conservation, signé par moi au nom des Toulonnais, et une vente, un trafic de l'escadre française ? Quoi ! l'acte le plus politique, le plus utile à la cause royale, à la France, au repos de l'Europe, dans lequel toutes les précautions sont prises pour l'intérêt et l'honneur du pavillon, où les stipulations sont toutes en faveur de l'État, un tel

---

(1) Ce désarmement a opéré ma ruine. Pour donner l'exemple, je le fis commencer par l'*Apollon*, que je montais, et je fis destiner ce vaisseau à transporter les équipages ponentais dans leurs ports respectifs.

Les officiers qui furent expédiés à bord des quatre vaisseaux commandés par le contre-amiral Bouvet, étaient chargés (et particulièrement ce digne amiral) de ramener l'esprit des marins aux principes de la monarchie légitime.

On sait que les officiers dirigés sur Brest et Lorient furent emprisonnés par ordre des commissaires de la Convention, dès leur arrivée, et ne durent leur salut qu'à la chûte de Robespierre. Ceux de mon vaisseau, de l'*Apollon*, furent tous condamnés à mort, et exécutés aux flambeaux à Rochefort.

MM. le chevalier de l'Aa et Merveilleux furent les seuls qui échappèrent aux bourreaux de la révolution. Je les avais retenus près de moi à Toulon. Le chevalier de l'Aa périt victime de son dévouement, en remplissant une mission dont je l'avais chargé en 1805, auprès du lieutenant de vaisseau Rossolin et du général Dubuc.

Moniteurs des 2 juin et 29 juillet 1805.

acte est dénaturé, métamorphosé en un concert traditoire, spoliateur et destructeur de la force maritime, de la propriété nationale, en un mot, en la plus honteuse et la plus monstrueuse félonie! et cette insulte, cette injustice ne pèse pas seulement sur moi, sur les vingt mille habitans de Toulon, sur tous les marins de la flotte royale, sur une nombreuse garnison, dévouée au maintien de la monarchie; mais, et ma plume se refuse en quelque sorte à l'écrire, une si grande offense s'adresse même au monarque qui règne aujourd'hui; qui, en sa qualité de Régent du royaume, donna, à cette époque, l'acquiescement le plus formel à notre transaction salutaire; qui se mit en route du fond de l'Allemagne, pour se joindre à ses alliés, et consolider, par sa présence dans le premier port du Midi, l'œuvre de notre PREMIÈRE RESTAURATION; à ce monarque qui nous fit entendre de sa bouche, dès qu'il put s'entretenir librement avec nous, des paroles si belles, si consolantes, si approbatrices d'un fait que vingt ans d'intervalle n'avaient point effacé de sa mémoire; à ce monarque enfin dont la bonté rémunératrice a daigné accorder à notre ville immortelle, la devise qu'elle portera avec gloire dans les siècles les plus reculés « FIDÉLITÉ DE 1793. »

Tant d'audace et d'infamie de la part des écrivains prétendus constitutionnels de 1820, et années subséquentes, ne peut se qualifier!

Oui, Toulon portera éternellement le nom de ville *fidèle!* Oui, sa devise ne périra qu'avec la dernière destruction de ses ses murailles! Elles ont résisté aux coups des assassins de Louis XVI; elles sont encore debout, empreintes du sang versé sous la mitraille des hordes conventionnelles; elles ont bravé les tempêtes politiques comme la fureur des flots! Quelques gouttes d'encre d'un folliculaire pourraient-elles les entacher?

N'est-il pas bien étrange, n'est-il pas inoui que des hommes qui se sont arrogé le droit de remplir la noble mission du publiciste, et dont le premier et le plus mince mérite doit au moins consister dans la connaissance de notre révolution et des acteurs qui y ont figuré, aient osé se permettre gratuitement de faire circuler une imposture aussi atroce? Personne n'ignore, je le crierai sans cesse sur les toîts, que le vaisseau monté par moi (l'*Apollon*) n'a point été brûlé, que je n'ai pas pu LE VENDRE, ni aucun autre, et que ce bâtiment *n'est jamais sorti de France*. L'imposture est donc palpable, et quelles tristes réflexions fait naître tant de déloyauté, et surtout tant de facilité à laisser surprendre la raison et l'expérience! Que des folliculaires, des pamphlétaires, tronquent les faits à dessein d'altérer l'opinion, de l'égarer sans doute; qu'en réimprimant les pages de 1793, ils travestissent un fidèle serviteur en parjure, en traître à sa patrie, cela n'étonnera personne; mais qu'il se soit trouvé des hommes assez crédules, assez irréfléchis, assez partiaux pour avancer dans leurs écrits, dans le temple de Thémis même, que ce ne fut *qu'au moment de l'entrée à Toulon des flottes combinées anglaises et espagnoles, que les royalistes proclamèrent Louis XVII, que les généraux étrangers les laissèrent faire*; tandis qu'il est de notoriété publique que la proclamation du nom et du règne du Roi de France a eu lieu le 24 août, et que les premières troupes alliées n'ont été admises à Toulon que le 28; que plusieurs des écrivains jouissant de quelque réputation, que des interprêtes des lois posent en fait « *Que lorsque ces* » *mêmes royalistes voulant arborer le drapeau blanc, l'ami-* » *ral anglais déploya celui de S. M. britannique,* » et qu'ils s'exposent ainsi, par cette imposture gratuite, à recevoir un DÉMENTI public, personne ne pouvant ignorer que le pavillon français, le pavillon des lis, flottait encore sur les bâtimens, la ville, l'arsenal et les forts de Toulon, à l'instant où les Anglais abandonnèrent cette place; voilà ce que la postérité ne voudra jamais croire.

Mais, veut-on savoir jusqu'à quel point la ligue qui me poursuit et qui aspire à me faire payer mes services par le poids de la calomnie, a porté ses actes de fureur, de persécution et de folie? Ne s'étant point contentées, et après avoir joui de la contemplation du tableau d'un homme jeté dans les antres de la terre par la fureur d'un tyran ; errant de ville en ville sous la lisière d'une police inquisitoriale, réclamant en vain la solde de ses soins et de ses *avances*, du gouvernement d'un état où il trouva pendant quatorze années protection, asile, rare considération, et absolue confiance, mais où la propagande révolutionnaire dénatura ses intentions, paralysa ses plans ; puis, qui fut chargé des plus absurdes, des plus dégoûtantes accusations, aussitôt détruites qu'avancées ; puis, qui se vit par le désespoir de ses ennemis, et par leur défaut de moyens plus astucieux ou plus iniques, plongé pour dettes dans une prison, tandis qu'en fin de compte il se trouvait *indemne;* cette ligue, je le répète, ne s'étant point contentée de tant de manœuvres, et je dirai presque de forfaits, fouille dans l'arsenal des révolutionnaires de 1793, et y cherche des armes qu'heureusement la rouille de l'erreur et du crime a déjà corrodées et presque réduites en poudre.

Quelle lance éphémère brille donc aujourd'hui au poing de mes tristes et ridicules adversaires ? celle toute dégoûtante du sang des victimes de la terreur ! Quelles raisons m'opposent-ils ? les argumens *irrésistibles* des écrivains aux gages de Robespierre, à ceux du Directoire son digne successeur, à ceux de la police de Buonaparte, et de tous les ministres enfantés par les oscillations de l'intrigue. Et les auteurs de ces feuilles, dont la rage impuissante va exhumer tant d'horreurs, tant de mensonges, qui ont produit tant de forfaits prêts à se renouveler, si la sagesse publique n'avait pas repris ses droits, les auteurs de ces feuilles, avec un art exquis, dont la science appartient à eux seuls, glissent entre un article de philantropie, de politique constitutionnelle, de spectacle, d'observations morales, et d'articles de modes, ces fruits mortifères de leur imagination, qui n'a de fécondité que pour propager le faux et le mal ! Je conviens que c'est savoir viser à l'effet; mais heureusement la vérité vient avec son flambeau, et les feuilles de l'imposture sont réduites en cendres.

Hélas! sujet de réflexions trop affligeantes. Quoi ! c'est sous le règne de Louis XVIII qu'on ose partout, et jusque dans le sanctuaire des lois, reproduire ce qui fut écrit sous la dictée d'un représentant Fréron, des Antonelle, des Mouraille, et du trop fameux comité du salut public, contre les vingt mille Français qui saluèrent roi Louis XVII, quand la presque totalité de la nation courbait sa tête sous le fer républicain ! ! !

Au reste, qui ne sait à quoi peuvent se porter les partis lorsqu'ils prennent un nouvel essor; qui ne sait aussi combien le commun des hommes, soit par opinion, soit par défaut d'observation, soit par cette tendance qu'ont des cœurs chagrins, des esprits irréfléchis, à ne juger les événemens que d'après les résultats, est facile à prononcer sans connaissance et sans examen.

C'est par cela même que tant de gens affectent de ne point voir dans le plus bel acte de la fidélité et du patriotisme, les grandes conséquences politiques qui devaient en dériver pour l'intérêt de la France et de l'Europe.

Et pourtant ce n'est pas ainsi qu'en ont pensé, qu'en pensent encore les grands publicistes, les véritables hommes d'état et les vieux Jacobins eux-mêmes (1). Il ne faut que se rappeler de quel œil cette opération fut considérée par tous les cabinets, de l'approbation que lui donnèrent les ministres les plus habiles de toutes les cours, et les écrivains les plus versés dans la science des intérêts des peuples et des rois.

A-t-on oublié le noble accueil que les puissances firent aux Toulonnais réfugiés ; la cédule du roi d'Espagne en leur faveur, et surtout la sanction donnée à la plus héroïque entreprise, vingt ans après ce jour si mémorable, par les belles

---

(1) La révolution de Toulon porta un tel effroi au sein de la Convention et dans le cœur de ses représentans, que le proconsul Bayle, au moment d'entrer dans la prison *où il se donna la mort*, dit, en se parlant à lui-même : TOULON VIENT DE SAUVER LA FRANCE.

paroles de Louis XVIII, adressées à la députation de Toulon.

« Toulonnais ! Je sais à travers combien de dangers vous » avez montré votre fidélité à mon neveu, il n'a pas tenu à » moi de les empêcher ou de les partager. Vous m'avez appelé » dans vos murs ; je me suis mis en route pour me rendre à » vos désirs, mais lorsque je suis entré en Italie, il n'était » plus temps d'arriver jusqu'à vous. Vous pouvez compter sur » ma protection particulière. »

Qu'on ne m'oppose point les tristes suites des événemens de Toulon, et de l'insuccès de nos efforts dans cette mémorable tentative : l'incomparable résistance des Vendéens n'a pas eu un plus heureux résultat ; Lyon n'a pas mieux réussi, et cependant aucun de ces revers n'auraient affligé la France, si l'on eût marché de Toulon sur Paris, comme depuis l'on a marché de Waterloo sur cette capitale.

A cette époque, les forces principales se composaient de Français fidèles, des armées piémontaises, napolitaines et espagnoles (troupes de famille) et les Anglais liés par un TRAITÉ qui réglait tout, n'agissaient que comme auxiliaires.

Hé bien, Ermite, libellistes, pamphlétaires, calomniateurs stipendiés, homme de la bande noire, folliculaires à la toise, politiques de clubs, y a-t-il dans tout ce que la vérité vient de tracer, quelque VENTE, quelque transaction honteuse, quelque félonie, quelqu'acte dont la patrie ne puisse se glorifier? car la patrie, il faut que je vous l'apprenne, n'est point le sol, *qui docile, se livre toujours au premier occupant*, mais le peuple vivant sous de sages institutions, et chez nous les institutions sont le roi légitime, de bonnes lois, et non l'ascendant passager de la violence et du brigandage.

Hé bien, détracteurs de tous genres, quel reproche à me faire quand j'ai tout expliqué? répondez si vous l'osez ! Si vous osez encore citer des pages qui n'ont jamais existé, et les imputer à un auteur à qui la pensée de les écrire ne serait jamais venue. Répondez, vous dis-je. Mais non, vous gardez le silence et c'est ce que vous avez de mieux à faire.

Quand cessera-t-elle donc cette guerre impie de la fidélité contre l'intrigue ? Quand ces vils artisans du crime et de la calomnie cesseront-ils d'assiéger les marches du trône pour en saper les fondemens, et tromper la religion du prince et de ses ministres, par la substitution de l'empire de l'iniquité, de la haine et du mensouge à celui des lois ? Ah ! puisque ces hommes nouveaux qui m'ont fait si long-temps un crime de mes services, et qui, en ce moment encore, voudraient chercher à les faire méconnaître, quand il s'agit de m'en tenir compte, poursuivent avec un acharnement redoublé le système du machiavélisme ; je leur dirai : méditez mes pages.

Et vous qui m'avez accusé d'avoir trahi les Jacobins, les hommes les plus TRAHISSABLES ; si la langue permettait de créer un mot pour eux, apprenez que je n'ai jamais trahi personne, que même j'obéis à des dispositions diamétralement opposées, puisqu'à vous mes ennemis, je donne de salutaires leçons en vous enseignant comment on peut écrire sans étouffer la voix de la conscience. Mais, à dire vrai, je le fais avec peu d'espoir de réussir, car je crains fort que pour montrer comment on est FIDÈLE, vous ne restiez toujours trop attachés à la doctrine de ces mêmes Jacobins, tendre et constant objet de votre prédilection, c'est-à-dire à l'imposture, à toutes les erreurs, à toutes les perfidies, à tous les excès !

Je déclare donc ici pour la dernière fois, que j'étais investi à Toulon d'un pouvoir LÉGAL et LÉGITIME ; que j'avais été depuis long-temps destitué par les factieux du commandement de l'escadre qui m'avait été donné en 1792, celui dont j'étais chargé à l'instant de la restauration à Toulon, venant de m'être conféré par l'amiral en chef comte de Trogoff, qui ratifia ceux de mes frères d'armes, alors qu'il vint à la tête des capitaines et amiraux de l'escadre française, se rallier au mouvement spontané des Toulonnais.

Je déclare encore que je n'avais point sollicité la mission dont le ministre de la Convention voulut me charger ; que je n'ai jamais touché aucun traitement ni émolument pour cette mission, et qu'enfin je n'ai prêté aucun serment de la remplir.

Ici les dates font foi. J'ai été nommé commandant en chef d'une des escadres de la Méditerranée en 1792. A cette époque, le contre-amiral Latouche y commandait une deuxième escadre, et le vice-amiral comte de Truguet, l'armée navale.

Ce fut dans les premiers jours de janvier 1793 que les commissaires de la Convention me destituèrent, et les états du bureau des revues, prouvent que je n'arrivai à Toulon qu'à la fin du mois de février 1793 (1).

Voilà mes services, mes actions! leur terme sur le territoire français est la proclamation de Louis XVII, et chez l'étranger ils ne devinrent pas moins actifs pour le succès de la cause. J'avais dû tenter de relever le trône comme officier, comme chef de corps, et comme ayant reçu des ministres de Louis XVI des instructions *secrètes* pour diriger les opérations maritimes dans les intérêts de la monarchie. Je l'ai fait.

Illustre victime! que ne puis-je invoquer votre ombre! que ne pouvez-vous d'un mot anéantir mes implacables ennemis! Mais, pourquoi invoquerai-je votre témoignage? N'ai-je pas assez de la proclamation du NOM et des DROITS de votre noble enfant à la face des révoltés, et le drapeau blanc, rétabli sur la flotte et les murs de Toulon, n'est-il pas l'expression de votre confiance et de celle des dépositaires de votre puissance, hélas! trop éclipsée?

---

(1) MARINE.

Port de Toulon. *Bureau des revues.*

LE COMMISSAIRE DE LA MARINE PRÉPOSÉ AU DÉTAIL DES REVUES, etc.

Certifie que M. le baron d'Imbert, contre-amiral en retraite, est arrivé de Paris à Toulon le 20 février 1793; qu'il a servi à terre jusqu'au 11 mai 1793, époque à laquelle il a pris le commandement du vaisseau l'*Apollon*.

A Toulon, le 1er. Juin 1819.

(*Suivent les signatures.*)

Et qu'opposeront mes détracteurs à ces attestations *indélébiles* de la généralité, de la cité *fidèle* qui furent les témoins de mon dévouement, et qui m'assignèrent dans leur confiance une place unique en me récompensant du courage que j'avais mis à étouffer la voix des factieux, pour la remise en mes mains de pouvoirs ILLIMITÉS, et par la glorieuse mention aux registres municipaux, de la satisfaction publique sur le succès de ma mission près les ministres plénipotentiaires des hautes puissances coalisées?

Qu'opposeront-ils encore aux témoignages unanimes des généraux et amiraux de terre et de mer de ces mêmes puissances, et à cette attestation qu'un sentiment de modestie m'empêche de qualifier, et dont je me borne à relater les dernières expressions. « Je certifie de plus que son zèle et sa loyauté dans la » cause *commune* sont si recommandables, qu'il mérite toute » protection du gouvernement britannique, *ainsi que de l'illustre famille du prince dont il a embrassé les intérêts avec* » *tant d'ardeur et de péril.*

Donné de notre main et scellé de nos armes, etc.

» *Signé* HOOD ».

Qu'opposeront-ils enfin aux suffrages réunis, et tout récemment renouvelés des augustes frères de Louis XVI, inappréciable gage que mes ennemis qui m'ont dépouillé de tout, ne m'arracheront qu'avec la vie, et dont même en expirant, je saurai transmettre le monument à mes derniers neveux?

Mais, une pensée m'oppresse, quand la lecture de si beaux titres devrait entièrement soulager mes peines; je m'interroge et je m'écrie! A quels hommes faut-il donc que je rende compte de ma conduite, et que je déroule le certificat des actes qui ont honoré ma vie? Serait-ce à quelques-uns de ces grands politiques qui, dans la tourmente dont pendant trente années, toute l'Europe a éprouvé les secousses, ont été appelés par leur rang, leur sagesse, leur savoir, leur éclat diplomatique, à manier les grands intérêts des empires? Est-ce à un de ces éminens personnages avec lesquels je me suis trouvé si souvent en contact, en relations, et qui ont traité avec moi du salut de mon Roi et de ma patrie? Sont-ce mes anciens chefs, d'anciens administrateurs, d'anciens ministres de Louis XVI, qui tous ont si hautement attesté mes services? Est-ce la réunion des membres composant la commission spéciale établie par le Roi en 1814, à l'effet de les constater, qui viennent m'adresser des reproches, élever des soupçons, verser le blâme sur les événemens auxquels j'ai pris part, et qui s'armant de la raison d'état et d'une sévère justice, dévoilant quelques fautes, quelques transactions indignes d'un féal chevalier, ne craignent point de me taxer d'impéritie, ou de signaler mon prétendu trafic et de confondre tous les habitans d'une grande ville, sa garnison, son armée, sa flotte, dans cette accusation infâme contre moi et contre les autres principaux mandataires de ces cent mille sujets fidèles?

Non, ce sont des hommes neufs dans les affaires, subjugués par des préjugés de tous genres, et mus par l'inimitié ou par de sourdes rivalités; ce sont des hommes nés à peine quand je versais mon sang pour le soutien du trône, des hommes trop éloignés du centre des mouvemens politiques pour avoir jamais pu en juger les ressorts, les forces, les nécessités, les obtacles et les conséquences; des hommes qui se persuadent, dans leur aveugle amour-propre, qu'il suffit d'avoir noirci quelques feuilles de papier, aligné quelques vers, ébauché quelques scènes, pour juger un traité de politique; des hommes ayant vécu dans une atmosphère où leur bouche béante aux discours des charlatans de toutes couleurs, n'a pu respirer qu'un air chargé des miasmes délétères de la révolution; ce sont enfin des ennemis, des rivaux, des faibles, des ignorans ou de vils stipendiés; et la lutte, avec un ramas de tels gens, devient, je le confesse, un supplice réel.

Au milieu de ces tortures diverses, celle qui m'arracherait presque le cri de douleur, si je n'étais doué d'une énergie à toute épreuve, c'est la nauséabonde obligation de répondre à un folliculaire, à un libelliste, et tout à-la-fois de poursuivre en justice un aventurier! Ainsi, je suis donc réduit, après avoir terrassé tant d'adversaires plus ou moins redoutables, à porter encore de nouveau coups jusqu'au dernier champion de cette ignoble phalange.

Mais les tribunaux feront plus que moi dans ce combat décisif. Ils vont étouffer la dernière articulation de la voix du calomniateur, en proclamant cette maxime protectrice de tous, que l'insertion d'une lettre pseudonyme dans un journal quotidien, démentie par la personne dont on a pris faussement le nom pour revêtir cette lettre, en apparence, d'une signature effective, est un *délit* bien prévu, bien caractérisé par la loi, et que cette assertion constitue, sans réplique, une publication punie par le Code, sans excuse aucune pour le journaliste, qui n'a point pris la précaution de s'assurer de la réalité du seing, et qui, fût-il même ignorant de cette *pseudonymie*, n'en serait pas moins coupable envers l'honneur offensé, comme envers la société toute entière; et conséquemment passible de toutes les réparations et de toutes les rigueurs.

Et si cette lettre n'attaque point seulement un individu, si elle attaque, si elle injurie, si elle calomnie les représentans d'une immense population, quelle gravité le délit n'en prend-il point, et combien il demande répression sévère!

C'est ce que je réclame dans ce moment (1), en dépit des très-peu charitables intentions de l'Ermite, des épigrammes émoussées du honteux pamphlétaire son défenseur, et plus encore de toutes les cavillations mises en œuvre par les répréhensibles feuilletonistes du Courrier SOI-DISANT FRANÇAIS.

Je termine; que d'épines! que de résistance! que de dégoûts se présentent donc à chaque pas de l'homme qui remplit son devoir, et comme il lui faut appeler à son secours toutes les facultés de son esprit et de son âme pour surmonter tant d'hor-

---

(1) Voir ma lettre à ce sujet, insérée dans les numéros du Journal des Débats et du Drapeau blanc, en date du 20 avril 1821.

ribles contrariétés, tant de terribles ébranlemens ! Le ciel, qui, par une grâce bien rare, m'a donné suffisamment de résolution, et le dirai-je, de persistance, a daigné m'accorder une faveur plus spéciale ; il m'a donné pour co-intéressés, dans la cause que je défends, le peuple le plus dévoué à la monarchie légitime, tous mes compatriotes, tous les habitans de la Provence entière.

Toulonnais ! vous qui vîtes mes premiers débuts dans la carrière maritime, vous chez qui j'ai puisé cet amour d'une profession dans laquelle je reçus les leçons d'hommes dont la flotte française ne prononce le nom qu'avec respect ; vous dont les sentimens de fidélité m'auraient indiqué la route de l'honneur, si elle n'avait pas été gravée dans mon âme, j'ai saisi encore une fois l'occasion de rappeler votre dévouement héroïque, vos efforts et vos persécutions.

Au nombre des souvenirs qui allégent le poids de la longue série d'infortunes que les événemens et que la méchanceté ont accumulées sur ma tête, celui qui adoucit le plus l'amertume de mes douleurs, c'est la confiance que vous me témoignâtes après quinze ans d'absence, dans le moment le plus critique, par la noble détermination que vous prîtes le 19 août 1793 : pourquoi n'a-t-elle point eu le succès que nous devions en attendre ? Que de catastrophes sur lesquelles les générations à venir prononceront l'œil baigné de larmes, en écoutant le récit que l'histoire leur en fera, vous auraient été épargnées ; que de revers j'aurais évités moi-même !

De l'inexécution de promesses si solennellement jurées, sont découlés tous vos maux et les miens !

Et quels sont vos torts ? d'avoir été fidèles ! Des perfides, des insensés vous le reprochent en vous calomniant, et toujours ils vous en feront un crime ; mais répondez-leur par l'énumération de vos malheurs inouis ; que dis-je, vos malheurs ! et ne sont-ils pas les miens ?

Ah ! si remplissant les volontés des agens de la Convention, j'eusse suivi les instructions qu'ils me forçaient à recevoir, que gorgé d'or et revêtu de puissance, je fusse entré dans le chemin qu'ils voulaient me tracer, où serais-je maintenant? S'élèverait-il une voix pour m'accuser? M'aurait-on un instant contesté mes droits, mes honneurs, mes prérogatives, et les portes d'une prison pour dettes, se serait-elles ouvertes pour m'engloutir? Et dans quel chemin la continuation de ma carrière militaire ne m'aurait-elle pas conduit naturellement? Mais, je ne regrette rien ; un Français n'est-il pas trop heureux de pouvoir dire : j'ai constamment servi ma patrie et mon Roi.

Mais quand mon cœur s'ouvre à ce grand motif de consolation, il en est une encore qui vient s'y joindre et y porter presque autant de douceur et de calme en le remplissant du souvenir d'avoir reçu, conservé l'approbation et l'amitié des vrais Toulonnais coopérateurs des actes de mon dévouement et compagnons de mes revers.

Oui, lorsque je me rappelle ces jours où, en Toscane, à Naples, en Sicile, à Londres, à Altona, en Belgique même, je pus être utile à mes compatriotes, à vous tous Toulonnais exilés, opprimés, la satisfaction d'avoir fait bien, porte le baume sur les blessures de mon âme.

Et comment n'aurais-je sacrifié tous mes instans à vous être utile, puisque j'avais constamment trouvé, au milieu de vous, des hommes toujours prêts à seconder mes desseins et mes plans, pour le rétablissement de la monarchie légitime! Cocampot, l'Aa, Rossolin, étaient Toulonnais! ils se livraient avec toute l'ardeur du caractère national à l'espérance de relever le trône, quand ils succombèrent dans leur généreuse entreprise! et ce fut pour moi un titre de gloire d'avoir employé de tels agens, en même temps que ce fut une affliction qui ne finira jamais (1).

Pourquoi me retracerais-je avec moins d'orgueil, que dans les Bastilles de Buonaparte, le silence que l'on voulut, mais

(1) Moniteurs des 2 juin et 29 juillet 1805.

vainement, me faire rompre à force de supplices, assura le repos de plusieurs d'entre vous, et qu'à la restauration, je pus m'en féliciter, puisqu'en bravant la mort j'avais pu conserver de si fidèles serviteurs au meilleur des monarques.

C'est alors, c'est à cette heureuse époque tant désirée, que j'eus le bonheur d'élever la voix pour faire de nouveau ressortir vos droits. Le souffle de la jalousie n'avait point osé ranimer contre moi, contre vous, toutes les vieilles fureurs de 93, qui ont un moment obscurci la vérité, effacé les plus doux charmes de la mémoire; mais ces haines doivent s'affaiblir enfin, le triomphe de l'imposture ne sera point durable, le voile se déchirera, rien de ce qui n'est pas juste ne pouvant échapper aux regards du prince le plus éclairé, rien de ce qui n'est pas légal, ne pouvant subsister sous le régime de la Charte et du système représentatif.

Les premiers, nous rétablîmes le souverain de la France; les premiers, nous sollicitâmes le retour du prince qui nous gouverne.(2) Louis XVIII, les Députés de la nation, entendront toujours notre cri de ralliement : *Dieu, le Roi, la légitimité !*

C'est celui que nous fîmes retentir dans nos murs la veille de Saint-Louis, le 24 août 1793; c'est celui qu'à chaque retour annuel, et constamment nous répéterons avec le délire de l'amour filial :

VIVE LE ROI!

---

(2) Parmi les délibérations des sections, on doit remarquer celle portant : « qu'il serait envoyé une députation composée de citoyens Toulon- » nais, à l'effet d'exprimer à S. A. R. *Monsieur*, comte de Provence, » Régent du Royaume, aujourd'hui Louis XVIII, le désir qu'avait le » peuple Toulonnais de jouir de la présence de S. A. R., *et de lui voir » prendre les rênes du gouvernement.* »

NOTE Ire.

J'ai joint à la troisième édition de mon Précis historique, un état complet des forces navales qui existaient à Toulon au moment de l'entrée des alliés dans ce port, des pertes qui eurent lieu à son évacuation, enfin celui des vaisseaux qui composaient les deux divisions qui furent conduites en Angleterre.

JE CROIS DEVOIR RÉIMPRIMER ICI CE DERNIER ÉTAT.

	1re. DIVISION.	
74	LE POMPÉE.	M. Poulain, ancien officier de port, commandant en chef.
74	LE PUISSANT.	M. le capitaine Féraud.
40	L'ARÉTHUSE.	M. Cazotte, ancien officier de port.
	2e. DIVISION.	
32	LA TOPAZE.	M. le Cte de Grasse, commandt en chef.
110	LE COMce. DE MARSEILLE.	M. Pasquier, ancien officier de port.
40	LA PERLE.	Le lieut. de vaisseau, capne Vankempend.

Nota. Ce ne fut qu'après le désarmement de l'escadre, que l'amiral Trogoff donna le commandement de l'*Aréthuse* au capitaine Cazotte, et celui de la *Topaze* à M le comte de Grasse. Ce dernier officier était en commission au moment de la catastrophe de Toulon. Apprenant que madame la comtesse de Grasse était passée en Espagne, il remit sa frégate au lieutenant de vaisseau vicomte d'Amblard, et se rendit près de sa femme. L'Amiral Trogoff étant mort dans l'intervalle à Porto-Ferrajo, M. le comte de Grasse y revint avec sa famille, et prit dans ce port le commandement de la division.

Sir Sidney Smith, sur lequel les journaux français nous ont fourni des notices si différentes, mais dont le noble caractère est aujourd'hui connu de toute l'Europe, malgré les diatribes de quelques écrivains obscurs et stipendiés qui se sont plu à dénaturer, à falsifier même sa correspondance, que je rétablirai dans mes Mémoires, n'arriva à Toulon que peu de jours avant l'évacuation. Commandé, ainsi que plusieurs capitaines de l'escadre anglaise, pour opérer la destruction des vaisseaux qui allaient tomber dans les mains des armées conventionnelles, il dut obéir; et le brûlot du capitaine Hare, ayant pris feu, sauta au moment de l'exécution. Cet événement préserva d'une conflagration générale, une partie des bâtimens. Un vaisseau de 80, huit vaisseaux de 74, quatre frégates et deux corvettes périrent par les flammes. Le refus des Espagnols d'incendier le petit rang, sauva un vaisseau de 110 canons, trois de 80, 9 de 74, trois frégates et trois corvettes.

Le *Scipion* fut incendié et sauta dans le port de Livourne, son valeureux capitaine y périt! Il ne reste des officiers de l'*Apollon* que le brave Merveilleux, l'un de mes lieutenans, que j'avais cédé au comte de Goy, mon ami, pour le temps de son expédition, dont l'objet principal était de montrer la résurrection du pavillon blanc aux côtes d'Italie.

PIÈCE A.

DE PAR LE ROI.

Le comité général des sections de Toulon, réuni à ceux de la guerre, des affaires étrangères, et aux différens corps administratifs de la ville,

Aux officiers et équipages de l'armée navale, ouvriers du port et de l'arsenal.

FRANÇAIS,

CALME ET SILENCE.

Un nouvel ordre de choses se présente et promet le bonheur qui, depuis si long-temps, nous était enlevé : la ville de Toulon est rentrée sous l'obéissance de ses légitimes maîtres; elle a proclamé son roi Louis XVII, fils de l'infortuné Louis XVI. Français, vous allez entendre lecture des propositions de l'amiral lord Hood[1]; les habitans de Toulon vont les examiner, ils ont adopté le principe de la nécessité d'avoir un roi. Réfléchissez sur le vœu que vous avez à prononcer, et d'après votre énoncé libre, ceux qui voudront la royauté peuvent compter sur notre assistance et sur celle de nos généreux alliés ; ceux qui n'en voudraient pas seront respectés dans leurs opinions, mais renvoyés dans leurs foyers sur des bâtimens destinés à cet effet; *néanmoins leur solde leur sera continuée.*

Les trois corps administratifs réunis au comité général des sections de la guerre et des affaires étrangères.

A Toulon, ce 24 août 1793, l'an 1er. du règne de Louis XVII.

Signé : D'IMBERT, *président.*

REBOUL, *vice-président.*

J. MOURGUES, *secrétaire.*

LAPOYPE, VERTRIEUX, DE VIALLIS, BAUDOEUL, BERTRAND, RICHARD, BARTHÉLEMY, BONNEGRACE, GABERT, GAIROIRD, A. BARTHÉLEMY, ANT. GABERT, et M. GAY.

PIÈCE B.

Extait des registres des sections et du comité général de Toulon.

LA section n°. 5, ouï le rapport, etc.

Déclare et arrête, etc.

Que M. d'Imbert, capitaine des vaisseaux de la marine française, a manifesté, depuis l'ouverture des sections dans notre ville, un courage au-dessus de toute expression pour opérer la révolution qui a rendu les Toulonnais à leur légitime souverain, et qu'il n'a jamais fait que des motions tendant à provoquer le rétablissement de la monarchie, le retour de l'ordre et des lois;

Que dans la nuit du 19 août dernier, cinq jours avant le parlementaire anglais dépêché ici par l'amiral lord Hood, il eut le courage, malgré l'opposition des malveillans et les périls qui menaçaient alors la cité, d'élever le premier la voix pour que la ville de Toulon appelât elle-même les alliés à son secours;

Qu'il ne négligea rien, dans cette circonstance, pour étouffer les cris des malveillans, qui déjà avaient eu l'adresse de surprendre une délibération contraire à son opinion;

Et qu'il parvint à faire agréer sa proposition et à la faire transmettre au comité général pour y avoir égard, ce qui détermina les sections à le nommer à l'instant membre dudit comité général, pour y communiquer ses vues diplomatiques.

Fait à Toulon, le 27 août 1793, l'an 1er. du règne de Louis XVII.

(*Suivent les signatures.*)

Enregistrement.

Vu au comité général des sections, par nous président, etc.

Qui attestons et certifions les faits et signatures ci-dessus, et en outre que M. le baron d'Imbert ayant été nommé membre du comité général, fut nommé, par ledit comité, commissaire auprès de M. l'amiral Hood, avec des pouvoirs *illimités* pour traiter avec lui sur son entrée à Toulon, et de la protection qu'il devait accorder à cette ville; qu'il remplit sa mission à la satisfaction publique, puisqu'il dirigea le débarquement des troupes anglaises qui se rendirent au fort la Malgue, et que le comité général lui en a témoigné sa satisfaction, ainsi qu'il conste par les délibérations dudit comité.

A Toulon, les jours et an susdits, le 1er. du règne de Louis XVII.

(*Suivent les signatures.*)

PIÈCE C.

LE VICE-AMIRAL LORD HOOD,

Commandant en chef les vaisseaux et navires de Sa Majesté britannique dans la Méditerranée, certifie, par ces présentes, à tous qu'il appartiendra, que le 26 août 1793, l'escadre sous son commandement étant à la hauteur du port de Toulon, le baron d'Imbert, capitaine du vaisseau de ligne français l'*Apollon*, alors mouillé dans la grande rade de Toulon, vint à bord du vaisseau de Sa Majesté *le Victory*, qui portait mon pavillon, et s'y présenta en qualité de commandant dudit vaisseau l'*Apollon*, et de membre du comité général des sections, avec *pleins pouvoirs* de ce comité pour traiter avec moi de la prise et possession du hâvre et des forts de Toulon ; qu'il m'a donné toutes les informations possibles sur les sentimens et les dispositions des habitans et des sections, ainsi qu'un état exact des vaisseaux de ligne français armés, avec des observations sur les principes et le caractère des divers commandans et des équipages ; qu'il me donna en même temps les plus fortes assurances que Louis XVII avait été proclamé par les sections, qui avaient juré de le reconnaître comme Roi, et qui étaient dans la ferme résolution de secouer le joug du despotisme de la Convention nationale (*rapports dont je reconnus l'exactitude*) ; que le 27 août, à minuit, le baron d'Imbert accompagna les troupes anglaises débarquées pour prendre possession du fort la Malgue, et les guida dans le fort, où, du consentement du gouverneur, et au milieu des troupes anglaises et françaises, il proclama Louis XVII, Roi de France, etc.

JE CERTIFIE DE PLUS QUE SON ZÈLE ET SA LOYAUTÉ DANS LA CAUSE COMMUNE SONT SI RECOMMANDABLES, QU'IL MÉRITE TOUTE PROTECTION DU GOUVERNEMENT BRITANNIQUE, AINSI QUE DE L'ILLUSTRE FAMILLE DU PRINCE DONT IL A EMBRASSÉ LES INTÉRÊTS AVEC TANT D'ARDEUR ET DE PÉRIL.

Donné de ma main et scellé de mes armes, à bord du vaisseau de Sa Majesté *le Victory*, en rade de Toulon, le 12 décembre 1793.

Signé HOOD.

PIÈCE D.

LOUIS-STANISLAS-XAVIER DE FRANCE,

FILS DE FRANCE,

ONCLE DU ROI, RÉGENT DU ROYAUME,

CERTIFIONS que le Sr. baron d'IMBERT, etc.

Est resté fidèle au Roi et à la Monarchie.

Nous, etc.

En foi de quoi nous lui avons fait expédier le présent certificat, signé de notre main, et auquel nous avons fait apposer le sceau de nos armes.

Donné à Turin, le 8 mai 1794.

(Sceau).

Signé LOUIS-STANISLAS-XAVIER.

PIÈCE E.

NOUS, Pair de France, chevalier des ordres du Roi, lieutenant-général des armées, gouverneur de la 14e. division militaire, capitaine des gardes-du-corps de MONSIEUR, frère de Sa Majesté, etc.; etc., etc.

CERTIFIONS, au nom et par ordre de MONSIEUR, que M. le baron d'Imbert, contre-amiral, a été employé par le gouvernement britannique et par MONSIEUR, et que dans tout ce dont il a été chargé à cet égard, il s'est conduit en brave et loyal officier.

EN foi de quoi, nous lui avons délivré le présent certificat, auquel a été apposé le sceau des armes de MONSIEUR, pour lui servir et valoir ce que de besoin.

Fait à Paris, au palais des Tuileries, *le quatorze octobre mil huit cent vingt.*

Signé LE COMTE D'ESCARS.

(Sceau).

PIÈCE F.

Le général de Gassonville a reçu la lettre que lui a écrite M. Lebret, baron d'Imbert, et s'empresse non-seulement d'y répondre, mais encore d'avoir l'honneur de lui envoyer le certificat qu'il a demandé.

Il se fera toujours un devoir de rendre à M. le baron d'Imbert la justice que sa bonne conduite lui a toujours méritée, ainsi qu'au zèle qu'il a toujours mis dans toutes les affaires dont il a été chargé pour le service du Roi. Le général de Gassonville plaint amèrement M. le baron d'Imbert de tous les chagrins qu'il n'a cessé d'éprouver jusqu'à ce jour, et il ne désespère point qu'il n'obtienne une justice éclatante, et lui renouvelle les assurances de son ancien et sincère attachement.

A Saint-Mandé, près Vincennes, le 26 juillet 1819.

Signé De Gassonville.

A M. le baron d'Imbert, contre-amiral, etc.

PIÈCE G.

JE soussigné, chevalier de l'ordre royal et militaire de Saint-Louis, maréchal des camps et armées du Roi, ET ANCIEN SECRÉTAIRE DE LA LÉGATION CONFIDENTIELLE DE SA MAJESTÉ, depuis le 1er. mai 1794, certifie sur mon honneur, à qui il appartiendra, avoir connu très-particulièrement à Londres, Monsieur Lebret, baron d'Imbert (Thomas-Antoine-François-Xavier), contre-amiral retraité, chevalier de l'ordre royal et militaire de Saint-Louis, et ATTESTE *qu'en exécution des traités de Toulon, il recevait à Londres, à titre de capitaine de vaisseau de première classe, un traitement annuel de deux cent cinquante livres sterlings, traitement qui n'a cessé qu'au moment où il a quitté l'Angleterre, 1er. mai 1807.*

EN foi de quoi je lui ai délivré, avec un grand plaisir, le présent certificat, pour lui servir à telle fin que de raison, et y ai apposé le scel de mes armes.

Fait à Saint-Mandé, près Vincennes, le 26 juillet 1819.

Signé DE GASSONVILLE.

(Sceau.)

NOUS soussigné, ANCIEN CHARGÉ D'AFFAIRES DU ROI PRÈS LE GOUVERNEMENT BRITANNIQUE, déclarons et attestons que tout ce qui est énoncé dans le certificat ci-dessus, est parfaitement à notre connaissance, et contient la vérité la plus exacte, en foi de quoi nous avons signé la présente déclaration pour servir et valoir ce que de raison.

Paris, le 11 septembre 1819.

Signé DUTHEIL.

(Sceau.)

PIÈCE H.

« NOUS, etc., certifions avoir chargé depuis 1803, M. D..., » ancien officier de la marine, de différentes agences secrètes » et missions particulières, tant auprès de nos autres *agens* » sur le continent, qu'auprès des officiers que nous avions mis » en commission en vertu d'ordres supérieurs et à l'effet de » hâter le rétablissement de la monarchie légitime.

« Que M. D..... s'est acquitté des ordres que nous lui » avons transmis, avec zèle, intelligence et désintéressement; » qu'ayant appris en 1803 l'arrestation de MM. Rossolin et » Cocampot (1), il s'était rendu de son propre mouvement » à....., et nous avait adressé sur la situation de..... un » mémoire de la plus haute importance et du plus grand in- » térêt pour faciliter le plan qui avait été arrêté.

« ATTESTONS de plus qu'aucun sacrifice, qu'aucun danger, » n'ont jamais arrêté son dévouement pour l'illustre maison de » Bourbon, et que, sous tous les rapports, cet officier a servi » de manière à mériter les grâces du Roi.

» En foi de quoi, etc.

Signé Le baron D'IMBERT.

« VU PAR NOUS, VICE-AMIRAL DE FRANCE, grand'croix de » l'ordre royal et militaire de Saint-Louis, gouverneur général » des îles du Vent, qui certifions que M. le baron d'Imbert » nous a rendu compte, dans le temps, des faits relatés par le » présent certificat, et que M. D....., dans cette circons- » tance, a donné de nouvelles preuves de son dévouement » pour la cause du Roi. »

Signé le comte DE VAUGIRAUD.

Paris, ce 22 septembre 1814.

(1) Moniteurs des 2 juin et 29 juillet 1805.

www.ingramcontent.com/pod-product-compliance
Ingram Content Group UK Ltd.
Pitfield, Milton Keynes, MK11 3LW, UK
UKHW012036240726
13965UKWH00003B/836

9 782012 483989